À Charlie-Rose et Clara-Ève, grâce à qui j'ai embarqué
dans un univers qui m'a menée jusqu'à ce livre.

À Bourrasque, notre premier lutin
qui nous aura beaucoup appris en une seule visite.

À Tornade et Giboulée, nos fidèles lutins depuis 2013.
Bonne retraite et merci pour tous les souvenirs !

LES 100 TOURS

des lutins farceurs

INTERDIT AUX ENFANTS

POUR TOUS LES PARENTS QUI ACCUEILLENT DES LUTINS DE NOËL

Gründ Québec

CE MESSAGE S'ADRESSE AUX ENFANTS CURIEUX QUI N'ONT PAS RESPECTÉ LA CONSIGNE EN COUVERTURE !

J'ESPÈRE QUE VOS LUTINS NE SE RENDRONT PAS COMPTE DE VOTRE DÉSOBÉISSANCE SINON ILS FERONT LA GRÈVE.

PLUS
TU LIS
CE LIVRE,
PLUS LA GRÈVE
SERA LONGUE.

JE TE CONSEILLE
D'ARRÊTER TA LECTURE DÈS
MAINTENANT, LA CONSÉQUENCE
SERA MOINS GRANDE.

C'EST TA DERNIÈRE CHANCE...

Sommaire

LES LUTINS DÉBARQUENT ! 11

GARE À VOUS ! 25

LE QUOTIDIEN DES LUTINS 27

POUR CEUX QUI SE RÉVEILLENT EN PANIQUE À 2H DU MATIN 47

PARENTS MOTIVÉS (ET TOURS À FLASHER SUR VOS RÉSEAUX SOCIAUX) 65

HUMOUR LUTINESQUE 85

QUAND LES LUTINS SONT REMPLIS D'AMOUR 101

GUIDE DE SURVIE DU MOIS DE DÉCEMBRE 111

Les Lutins débarquent !

Un livre sur les Lutins... Mais pourquoi ?

Les lutins sont entrés dans ma vie sans crier gare, sans préparation, sans outils, sans références, sans savoir quoi en faire. J'avais un enfant de presque deux ans qui allait au CPE et j'allais en avoir un second l'année suivante (je ne le savais pas à ce moment-là, mais je le souhaitais fort). Je ne peux pas accuser ma fille de m'avoir demandé un lutin: elle ne les connaissait pas, je dois prendre la responsabilité de tout ça – « tout ça » étant un projet qui a duré dix ans et dans lequel je me suis investie intensément. Tout a commencé en lisant des articles à ce sujet et en voyant des publications sur les réseaux sociaux. Je me suis ensuite abonnée par curiosité à un groupe de mamans qui se préparaient pour le mois de décembre à venir et je suis tombée dans le piège (d'un lutin, certainement !). Il me semble que du jour au lendemain, les lutins étaient hyper présents autour de moi. Pourtant, avant ce 28 novembre 2012, je n'avais même jamais entendu parler des lutins farceurs. Je me souviens avoir clamé haut et fort :

« jamais, franchement ! »

Deux jours plus tard, je courais au magasin acheter un lutin pour installer cette tradition dans ma maison. J'étais contaminée.

Les origines des lutins farceurs sont floues: certains parlent d'un grand-père saguenéen dans les années 1980, d'autres parlent d'un album jeunesse états-unien de 2005 tandis qu'on entend aussi des références à la légende des trolls islandais adaptée à notre époque. Personne ne réclame la parentalité de cette nouvelle tradition et rien n'explique la popularité soudaine et intense vécue au début des années 2010 et qui perdure depuis. Pour moi, les lutins ont apporté une magie à Noël que j'avais de la difficulté à installer et ressentir. Aujourd'hui, je peux dire que j'ai créé des souvenirs pour mes filles : elles rient encore de certains tours et se remémorent les arrivées et les départs avec une certaine émotion. Je ne regrette rien du tout même si certaines nuits, réveillée en panique d'avoir oublié un tour, je maugréais la tradition que j'avais laissé entrer chez nous.

Il existe plusieurs traditions autour des lutins : ici, je vous en présente une, celle que j'ai créée avec mes deux filles, celle que j'ai bâtie au fil des dix années de tours chaque mois de décembre. Vous pouvez l'adapter à vos besoins, à votre famille, à l'énergie que vous avez envie d'y consacrer. Vous reconnaîtrez des façons de faire et des tours, un peu comme on reconnaît des classiques dans un livre de recettes. Je ne prétends pas avoir tout inventé, mais j'ose prétendre que ce livre sera d'une grande aide pour les personnes qui se lancent dans l'aventure des lutins et qui ne savent pas par où commencer.

Quelques conseils pratiques (et d'expérience !)

Dès la première année des lutins à la maison, j'ai appris. Parfois à mes dépens, je dois le dire. Je ne connaissais personne à qui demander des conseils ni avec qui échanger de l'information. Juste des inconnus sur Internet, aussi peu outillés que moi. Je vous propose ici un top 10 des trucs qui m'ont aidée et qui, je l'espère, vous aideront aussi !

1 Ayez au minimum deux lutins

Vos tours seront plus faciles à exécuter. Si vous avez plus de deux enfants, ayez un lutin par enfant, ça évite les chicanes. Les tours présentés dans ce livre sont faits avec deux lutins, mais peuvent facilement être adaptés pour un ou plusieurs lutins. Utilisez les amis des lutins pour compléter des tours, ce sont les toutous, poupées et figurines de vos enfants.

2 Choisissez vos lutins pour qu'ils soient facilement manipulables et stables

dans diverses positions (debout et assis, par exemple). Évitez les visages en porcelaine qui éclatent au sol. Les lutins de ce livre sont un modèle répandu au Québec et le lutin de type « elf états-unien » est aussi disponible en magasin ou en ligne de plus en plus facilement.

3 Réutilisez les mêmes lutins chaque année

C'est économique, écologique et l'enfant a un sentiment d'attachement plus fort. Notez le nom de chaque lutin, un élément qui le différencie des autres et à quel enfant il est relié. Si jamais vous vous trompez une année, expliquez que le lutin fait son premier tour et voulait faire rire.

4 Cachez bien les lutins entre le 25 décembre et le 30 novembre

Il ne faut pas que les enfants les trouvent tout en s'assurant que les parents se souviennent de la cachette. Prenez le même endroit chaque année, ça évite des petites paniques en novembre.

5 Qui ramasse le tour le matin ?

Simple : l'enfant. Selon son âge et ses habiletés, le parent peut aider ou pas.

6 Comment gérer le quotidien des lutins ?

Dès que le tour est ramassé, l'enfant doit coucher son lutin dans son piège transformé en lit[1]. Les lutins sont fatigués de leur nuit et doivent se reposer toute la journée pour être capables de faire un tour la nuit suivante. Cette consigne vous assure de ne pas chercher les lutins au moment de préparer le prochain tour, surtout si vous vous réveillez en panique à deux heures du matin parce que vous l'avez oublié.

7 Si l'enfant craint de dormir parce que les lutins peuvent venir dans sa chambre, vous pouvez donner l'ordre aux lutins de ne pas y aller et préparer tous les tours dans les pièces communes et la chambre des parents seulement.

8 Lors de la première visite des lutins, je vous conseille de les faire arriver **avec une lettre qui indique leur nom et les consignes.** Les années suivantes, ils peuvent arriver avec une lettre qui dit simplement qu'ils sont contents de retrouver les enfants ou encore en faisant des demandes du type : **n'oublie pas de bien ranger ta chambre pour que je puisse y faire des tours.**

Le code QR ci-dessous vous permettra de télécharger un exemple de lettre personnalisable à imprimer ou à recopier.

9 Si les arrivées et les départs se déroulent toujours selon le même schéma, ça renforce la tradition et les enfants y accordent encore plus d'importance, d'amour et de souvenirs.

10 Mon ultime conseil : ce livre est un guide, pas une bible, alors **faites comme vous en avez envie.** Vous pouvez le suivre à la lettre si c'est rassurant comme vous pouvez en faire une base et vous laissez guider par votre imagination.

1. Voir page suivante.

L'arrivée des lutins

Les lutins arrivent dans la nuit du 30 novembre au 1er décembre. Pour capturer vos lutins, vous devez avoir un **piège** et un **appât**. Idéalement, un pour chaque lutin – pas nécessairement différent pour chacun, juste un piège et un appât par lutin.

Pour le piège, vous pouvez prendre une boîte dans le recyclage et la faire décorer par les enfants le 30 novembre ou quelques jours avant. Prenez un format adapté à votre lutin, ce piège deviendra son lit. La boîte à l'envers, ouverture vers le sol, est le piège et la boîte à l'endroit, ouverture vers le haut, est le lit. Laissez vos enfants y mettre une doudou et rendre le lit confortable pour leur lutin.

Pour l'appât, vous pouvez utiliser un biscuit du commerce ou en cuisiner en famille. Je vous propose deux recettes en pages 18 et 19.

Installez les pièges le 30 novembre au soir, avant le dodo. Le biscuit dans une assiette, la boîte par-dessus. Vos enfants se lèveront tôt et rapidement le 1er décembre, j'en suis certaine ! Laissez une jambe dépasser de la boîte, ça fait toujours rire les enfants. N'oubliez pas de faire disparaître l'appât dégusté par les lutins (ou le parent le plus gourmand).

Les lutins peuvent arriver avec une lettre. Cette lettre est utile pour qu'ils se présentent – surtout la première année –, nomment la raison de leur visite, fassent des demandes, expliquent les consignes, etc. C'est correct aussi qu'ils arrivent les mains vides et que le parent explique lui-même les consignes.

À vous de voir si les lutins ont le temps de faire un tour dès le premier jour ou pas, mais dans la dernière section de ce livre, on vous propose des calendriers incluant un tour dès le premier jour.

Le départ des lutins

Le 24 décembre est un jour de fête, mais c'est aussi un jour de séparation qui peut rendre les enfants tristes. Pour certains, c'est véritablement un deuil à chaque Noël. Il est donc important de prévoir le départ en tenant compte de l'effet sur votre famille. Certaines fratries s'attendent à un tour plus étonnant, d'autres espèrent un petit mot d'amour ou seulement un souvenir. Allez-y avec la famille, comme on dit !

Au retour des festivités, après avoir couché les enfants, n'oubliez pas de faire disparaître les lutins et de laisser un dernier tour. Si vous quittez quelques jours, faites-le avant de partir pour qu'au retour, les lutins soient déjà repartis au pôle Nord. C'est le tour à planifier le plus important en tenant compte de ce qui est prévu pour votre famille.

Cachez vos lutins à un endroit inaccessible pour les enfants, préparez le tour et bon dodo !

Le 25 décembre au matin, les enfants découvriront le dernier tour laissé par les lutins et ce sera la fin... jusqu'au prochain 1er décembre !

Afin de préparer au mieux l'arrivée des lutins, je vous propose ici deux recettes de biscuits, à adapter selon vos envies !

Biscuits de lutin

INGRÉDIENTS

- 1 ½ tasse de farine tout usage
- ½ cuillère à thé de poudre à pâte
- 1 pincée de sel
- ½ tasse de cassonade
- ½ tasse de sucre
- ¾ tasse de beurre tempéré
- 2 œufs
- 1 cuillère à thé de vanille
- ⅓ tasse de vermicelles arc-en-ciel*

*vous pouvez remplacer les vermicelles arc-en-ciel par des pépites de chocolat, mais ne mettez pas la vanille

1. Préchauffez le four à 350 °F.
2. Couvrez la plaque à biscuits de papier parchemin.
3. Mélangez la farine, la poudre à pâte et le sel dans un bol.
4. Mélangez au batteur électrique la cassonade, le sucre et le beurre dans un autre bol jusqu'à ce que ce soit lisse.
5. Ajoutez la vanille.
6. Ajoutez un à un les œufs et mélangez jusqu'à ce que ce soit homogène.
7. Ajoutez les ingrédients secs et mélangez.
8. Ajoutez les vermicelles arc-en-ciel et mélangez une dernière fois.
9. Faites des boules de biscuits sur la plaque en laissant un espace entre chacune.
10. Mettez la plaque au four environ 8-10 minutes.
11. Laissez reposer au moins 5 minutes avant de les déplacer dans une assiette où ils pourront refroidir.

Biscuits de lutin (version végétalienne)

1. Préchauffez le four à 350 °F.
2. Mélangez les graines de lin à l'eau tiède et laissez gonfler. Mettre de côté.
3. Fouettez le sucre et l'huile de coco. Ajoutez les graines de lin gonflées et fouettez à nouveau jusqu'à obtenir un mélange crémeux.
4. Mélangez la farine, la fécule, le sel, le bicarbonate et ajoutez au précédent mélange. Incorporez les pépites de chocolat.
5. Formez des boules et déposez-les sur une plaque recouverte d'un tapis de cuisson ou de papier parchemin. Faites cuire 10 minutes.
6. Laissez refroidir les biscuits avant de les déguster !

INGRÉDIENTS

- 1 cuillère à soupe de graines de lin moulues
- 2 cuillères à soupe d'eau tiède
- ¼ de tasse de sucre d'érable
- ⅓ de tasse d'huile de coco (solide)
- 1 tasse de farine d'amande
- ½ tasse de fécule de tapioca
- ½ cuillère à table de sel
- 1 cuillère à table de bicarbonate de soude
- ¾ de tasse de pépites de chocolat

Questions réponses

Voici cinq questions que vos enfants vous poseront presque assurément : vous aurez ainsi déjà une réponse toute prête et crédible. Si les réponses proposées ne vous conviennent pas, préparez-vous des réponses à l'avance, ça vous permettra d'avoir un ton assuré et une explication vraisemblable. L'improvisation pourrait vous jouer des tours !

1 Pourquoi mon lutin ne bouge pas le jour ?

Ils sont inanimés le jour et au contact des humains. Ils ne prennent vie que la nuit pour faire des tours !

2 Pourquoi mon lutin est vendu dans le magasin ?

Ceux-là, ce ne sont pas des vrais lutins, ce sont juste des décorations. Le tien vient directement du pôle Nord, c'est un lutin certifié par le père Noël.

3 Pourquoi mon lutin n'a pas fait de tour cette nuit ?

S'il n'était pas couché dans son lit, la réponse est facile : il était trop fatigué et on rappelle l'importance de le déposer dans son lit après avoir ramassé le tour. S'il était couché dans son lit, c'est moins facile, mais on peut s'en sortir en disant qu'on comprendra peut-être au prochain tour. C'est le moment idéal de faire le tour du lutin malade (p. 60). L'enfant comprendra que son lutin était trop malade pour faire le petit farceur.

4 Pourquoi mon ami dit que les lutins n'existent pas ?

Tu sais, ce ne sont pas tous les enfants qui ont le plaisir d'avoir la visite d'un lutin du père Noël, peut-être que c'est le cas de ton ami et que pour cette raison, il n'y croit pas ? Ou : toi, est-ce que tu y crois ? Pourquoi ?

5 Que font mes lutins quand ils ne sont pas à la maison ?

Ils sont au pôle Nord avec leurs amis lutins et s'amusent, se reposent, pensent à leur prochaine visite et aux coups qu'ils pourront faire. Vers l'automne, ils recommencent à fabriquer des jouets pour le prochain Noël, aident le père Noël avec le courrier et les rennes. Ils s'assurent de tout terminer pour pouvoir partir le 30 novembre et venir te visiter.

Officiel des prénoms des lutins

Pour que l'existence de vos lutins soit crédible, ils doivent déjà avoir un prénom (et non pas laisser l'enfant le choisir). Je vous propose ici l'Officiel des prénoms des lutins pour vous inspirer et vous aider à choisir. J'ai volontairement évité les prénoms de personnes pour ne pas humaniser les lutins et les laisser au monde magique.

Vous pouvez :

- Nommer le lutin de chaque enfant en tenant compte de la première lettre de son prénom, par exemple Lulu pour Laurence.
- Nommer le lutin selon le caractère de chaque enfant, par exemple Tornade s'il bouge beaucoup.
- Nommer le lutin pour que ça rime avec le nom de l'enfant, par exemple Caramel pour Samuel.
- Nommer le lutin par le nom qui fera le plus rire votre enfant, par exemple Rikiki.
- Nommer le lutin au hasard en fermant les yeux et en pointant l'Officiel, pas de cassage de tête !

Si tu veux insuffler un peu de magie de Noël ! → **ABRACADABRA**

BABOUNE → (pas) heureux comme un poisson dans l'eau

Cousin du nain grincheux ? ← **BOUGON**

BOURRASQUE → Jumeau de Tornade

ATCHOUM → Si ton enfant ramène tous les microbes

BIDULE → Quand t'es pas doué pour retenir les noms

Si ton enfant est l'ami de tout le monde ← **BUDDY**

CABOTINE → Un peu princesse

CARAMEL
Pas du tout gourmand

Manque un peu de cheveux
COCO

CRACKPOT
Virer sur le top

CONFETTI
Si l'anniversaire de ton enfant est en décembre

Exotique même dans l'hiver
COCONUT

DRAG QUEEN
Quand tu aimes les perruques, les paillettes et les couleurs vives

DOUDOU
Le réconfort ultime

Si ton enfant est maladroit
ECCHYMOSE

ÉCUSSON
Scout niveau « louveteau »

FICELLE
Pour être lié pour la vie

Si ton enfant adore l'hiver
FLOCON

Toujours un peu croche
FRIPOUILLE

Si tu veux apprendre des nouveaux mots à ton enfant
GIBOULÉE

GRELOT
Le plus discret

GRIBOUILLE
Toujours un peu dans les ennuis

HAMAC
Le plus reposé d'entre les lutins

INTRANET
Le Geek de la famille

Fan de Radio Radio
JACUZZI

KARAOKÉ
Si ton enfant chante tout le temps

Si ton enfant est difficile et ajoute du ketpchup partout
KETCHUP

LULU
Si ton enfant est souvent couetté

Adore les biscuits
MACADAM

Odeur des fêtes
MUSCADE

NEURONE
L'intelligent de la place

NANA
Pour les fans de Zola !

OMÉGA
Mange que des bonbons santé (hum-hum)

Tout doux !
OUATE

PEANUT
Si ton enfant N'EST pas allergique

La fantaisie incarnée
POMPON

Toujours entre deux
QUERELLE

RIKIKI
Un peu toujours amoché

SLIP
Si ton enfant se déshabille dès qu'il entre à la maison

TORNADE
Si ton enfant l'est aussi

TROMPETTE
Si ton enfant aime faire du bruit

Pour les amoureux d'astronomie
URANUS

VAGABOND
Sans domicile fixe (si tu veux changer de lutin l'an prochain)

Adore les mangas
WASABI

XXL
Quand tes muscles sont plus gros que toi

YOYO
Pas facile de se décider !

Le bizarre assumé
ZIGOTO

Gare à vous !

Dans cette partie, vous trouverez **100 tours** classés par catégorie. Pour chacun, vous aurez le temps estimé, le niveau d'implication, la liste du matériel nécessaire et les étapes pour le réaliser. Parfois, vous aurez une alternative, des exemples ou une note. Il y a cinq catégories, et chacune d'elle vous sera expliquée avant chaque section.

Le temps estimé peut varier si vous utilisez l'alternative ou si vous devez fabriquer un élément que vous n'avez pas. Une grande partie des tours se fait en moins de dix minutes.

Le niveau d'implication est représenté par des chapeaux de lutin : un étant minime et trois étant élevé. Les tours demandant une implication élevée ne le sont pas tant en termes de complexité d'exécution que de temps demandé.

La liste du matériel peut varier de celle indiquée : par exemple, si vous avez de la ficelle au lieu de la corde, ça peut fonctionner. Je vous conseille d'utiliser le maximum de matériel que vous avez déjà à la maison : fouillez dans le bac à recyclage, accumulez certains matériaux utiles comme les rouleaux de papier de toilette et adaptez les tours à ce que vous possédez, ça rendra l'expérience plus facile et moins coûteuse. Pour le reste du matériel que vous devez acheter, les magasins à bas prix ont tout ce qu'il faut et vous pouvez les réutiliser pour d'autres tours.

Les étapes des tours sont inscrites pour faciliter au maximum leur réalisation.

Les alternatives servent à donner des idées s'il vous manque un élément ou si vous avez des contraintes.

Les exemples donnent des idées que vous pouvez prendre telles quelles si vous le souhaitez. Dans certains cas, ça rend l'exécution du tour plus rapide et facile.

Finalement, les notes servent à apporter une explication ou une information supplémentaire.

Je vous souhaite de vous amuser en préparant les tours : pour les soirs plus difficiles, rappelez-vous pourquoi vous le faites et choisissez un tour rapide et simple !

Le quotidien des Lutins

Ici, vous trouverez les tours qui représentent les actions du quotidien à la manière des lutins.

PRÉPARATION : 10 MIN DIFFICULTÉ :

Brico de Noël

Les lutins utilisent de la pâte à modeler pour créer un sapin et des décorations de Noël.

MATÉRIEL REQUIS

- Pâtes à modeler de différentes couleurs dont une verte

1. Fabriquez un sapin de Noël avec la pâte à modeler verte.
2. Créez des décorations avec d'autres couleurs (boules de Noël, guirlandes, cadeaux).
3. Faites une mise en scène avec les éléments créés.
4. Laissez les lutins avec les pots de pâte à modeler vides ou ouverts.

Des décorations plutôt... originales !

PRÉPARATION : 10 MIN DIFFICULTÉ :

À la pêche !

Les lutins aiment pêcher, mais comme ils ne font rien comme les autres, c'est de façon très originale : dans le lavabo, avec des poissons à manger ou en plastique.

MATÉRIEL REQUIS

- Lavabo
- Colorant bleu
- Deux cure-dents
- Deux bouts de ficelle
- Si vous avez un jouet canne à pêche, le cure-dent et la ficelle sont inutiles
- Poissons de type collation orange ou bonbons ou jouets

1. Remplissez le lavabo d'eau, environ à la moitié.
2. Déposez quelques gouttes de colorant bleu.
3. Fabriquez les cannes à pêche – une par lutin - en accrochant la ficelle au cure-dent (ou utilisez celle que vous avez, le cas échéant).
4. Installez les lutins en position de pêcheur, avec la canne à la main.
5. Déposez les poissons dans l'eau.

CONSEIL : Les poissons de type collation peuvent gonfler dans l'eau. Si vous décidez de les utiliser pour ce tour, l'idéal serait de les mettre dans l'eau juste avant le lever des enfants.

PRÉPARATION : 12 MIN DIFFICULTÉ :

Cocos

Les lutins sont bien adossés à la porte du réfrigérateur, marqueur à la main. Ils ont dessiné des visages rigolos sur les œufs en prévision des crêpes du déjeuner.

MATÉRIEL REQUIS

- Œufs
- Marqueurs de type Sharpie®

1. Dessinez des visages sur les œufs.
2. Laissez les lutins adossés au frigo avec un marqueur entre les mains.

CONSEIL : En prévision du tour, planifiez une recette nécessitant des œufs avec les enfants le matin (par exemple, des crêpes ou des gaufres).

PRÉPARATION: 8 MIN DIFFICULTÉ :

Bien dans son bain !

Les lutins adorent prendre leur bain avec beaucoup de mousse et de l'eau bien chaude. Ils utilisent donc la mijoteuse pour relaxer, ça convient davantage à leur taille !

MATÉRIEL REQUIS

- Une mijoteuse
- Des ouates rondes pour l'effet mousse
- Un canard en plastique comme jouet de bain
- Un bonnet de douche (celui de la famille)

1. Sortez la mijoteuse et placez-la à un endroit visible (sur la cuisinière, par exemple).
2. Installez les lutins dans la mijoteuse.
3. Remplissez la mijoteuse avec les ouates jusqu'à la taille des lutins environ.
4. Déposez le canard.
5. Mettez le bonnet de douche au lutin le plus coquet.

ALTERNATIVE : Si vous n'avez pas de mijoteuse, vous pouvez utiliser un chaudron.

Une autre idée de tour

PRÉPARATION: 5 MIN DIFFICULTÉ :

Donner le bain

Les lutins donnent le bain aux amis !

MATÉRIEL REQUIS

- Des ouates (une quantité suffisante pour remplir le lavabo aux trois quarts)
- 2 ou 3 amis des lutins (toutous ou poupées par exemple)

1. Installez les amis des lutins dans le lavabo.
2. Ajoutez les ouates pour les couvrir jusqu'à la taille.
3. Placez les lutins pour donner l'impression qu'ils donnent eux-mêmes le bain aux amis.

SAVON

PRÉPARATION : 8 MIN DIFFICULTÉ :

Course

C'est soir de course chez les lutins ! Ils réinventent la célèbre course dans les sacs bruns. Chaque lutin est dans un sac cadeau et les deux font la course. Bien entendu, leurs amis y assistent et les encouragent !

MATÉRIEL REQUIS

- 2 sacs cadeaux – la grandeur peut varier selon celle des lutins : l'idéal est de pouvoir voir leurs bras, leur cou et leur visage dépasser
- Amis des lutins (toutous, jouets, poupées, etc.)

1. Installez chaque lutin dans un sac cadeau. Ils peuvent tenir la corde.
2. Positionnez les amis face aux lutins, à bonne distance.
3. Assurez-vous qu'ils ne soient pas à la même hauteur, il faut un gagnant.

ALTERNATIVE : Si vous avez un seul lutin, il peut faire la course contre un ami.

PRÉPARATION : 6 MIN DIFFICULTÉ :

Fantôme

Les lutins partent et laissent une trace de leur silhouette sur une feuille avec un message d'au revoir.

MATÉRIEL REQUIS

- Une feuille blanche par lutin
- Un crayon

1. Dessinez la silhouette de chaque lutin sur une feuille blanche.
2. Écrivez un message pour dire au revoir.

Exemples :

- À l'an prochain !
- J'espère que tu as aimé ma visite, j'ai hâte de revenir !
- Je quitte le cœur plein d'amour, merci mon humain préféré !
- Merci pour le beau mois de décembre, j'ai hâte de te retrouver !
- Je dois retourner au pôle Nord, je vais m'ennuyer de toi, mais je vais revenir !

PRÉPARATION: 15 MIN DIFFICULTÉ:

Laisser sa trace

Les lutins laissent des traces de pas en partant dans la nuit du 24 au 25 décembre.

MATÉRIEL REQUIS

- Papier construction (de la même couleur que les pieds de chaque lutin)
- Papier collant
- Une paire de ciseaux

1. Découpez des traces de pas de lutins en contournant leurs pieds pour que ce soit réaliste.
2. Tracez leur chemin entre leur lit[1] et la porte.

NOTE: **Ce tour doit être fait lors du départ.**

ALTERNATIVE: Vous pouvez découper des traces de pas de lutins plus fantaisistes et moins près de la réalité: les enfants plus jeunes n'y verront que du feu! Par exemple, des pieds courts et pointus.

PRÉPARATION: 8 MIN DIFFICULTÉ:

Party time !

Les lutins font la fête avec les boules de Noël du sapin !
Ils les ont toutes enlevées et sont maintenant ensevelis sous une montagne de boules.

MATÉRIEL REQUIS

- Toutes les boules de Noël du sapin

1. Enlevez toutes les boules de Noël du sapin.
2. Couchez les lutins au sol, au pied du sapin.
3. Placez les boules par-dessus les lutins et laissez dépasser une jambe ou un bras.

1. Voir page 16.

PRÉPARATION : 5 MIN DIFFICULTÉ :

Soirée ciné !

Les lutins se collent sur le divan pour regarder un film.

MATÉRIEL REQUIS

- Un divan ou un fauteuil
- Une couverture
- Une manette
- Un bol avec un restant de popcorn

1. Installez les lutins sur le divan.
2. Déposez la couverture sur leurs genoux.
3. Mettez la manette dans la main d'un lutin.
4. Posez le bol de popcorn sur l'autre lutin.

CONSEIL : **Organisez une soirée cinéma en famille ce soir-là : vous aurez inspiré les lutins et, surtout, vous pourrez garder un fond de popcorn à utiliser pour le tour !**

ALTERNATIVE : Vous pouvez ajouter des amis pour la soirée ciné : peluches ou poupées sont les bienvenues !

Une autre idée de tour

PRÉPARATION : 2 MIN DIFFICULTÉ :

Fouiner dans les souvenirs

Les lutins sont entourés des albums photos de la famille et regardent les souvenirs.

MATÉRIEL REQUIS

- Tous les albums photos de la famille

1. Éparpillez les albums autour des lutins assis sur le divan.
2. Sortez une photo que vous placez entre les mains d'un lutin.

NOTE : **Si vous avez des albums de l'enfance des parents, ce sera encore plus drôle.**

TICKET
TICKET
Soirée CINÉMA
(spécial lutins)

PRÉPARATION : 5 MIN DIFFICULTÉ :

S'entraîner

Les lutins s'entraînent pour être en forme : poids et haltères sont nécessaires !

MATÉRIEL REQUIS

- Quelques cure-dents
- Plusieurs petites et grosses guimauves

1. Fabriquez des poids et haltères avec des cure-dents et des guimauves : certains avec les petites guimauves, d'autres avec les grosses et encore d'autres avec un mélange des deux.
2. Installez les lutins avec des haltères à la main.
3. Laissez traîner des guimauves à moitié mangées autour des lutins.

1, 2, 3 ! On ne lâche rien !

PRÉPARATION : 5-10 MIN DIFFICULTÉ :

Lettre au père Noël

Les lutins doivent donner des nouvelles au père Noël : est-ce que les humains de la maison sont sages ? Il est temps d'en profiter pour passer quelques messages : mon humain est un peu bordélique, c'est difficile de faire des tours ou j'étais trop fier de mon humain hier, il s'est brossé les dents !

MATÉRIEL REQUIS

- Une feuille
- Un crayon
- Facultatif : efface, marqueur, liquide effaceur, d'autres crayons

1. Écrivez la lettre au père Noël.
2. Installez les lutins à côté de la lettre avec un crayon dans les mains.
3. Si vous avez les éléments facultatifs, vous pouvez les éparpiller autour des lutins : la lettre fut difficile à rédiger !

NOTE : **Attention à la calligraphie, il ne faudrait pas reconnaître la vôtre !**

ALTERNATIVE : Vous pouvez aussi écrire la lettre à l'ordinateur et laisser l'écran ouvert sur la lettre. Les lutins pourraient être coincés dans le fil de la souris et du clavier pour montrer qu'ils sont peu doués avec l'informatique.

PRÉPARATION : 3 MIN DIFFICULTÉ :

Pâte à dents

Les lutins font des dessins dans le lavabo de la salle de bains avec du dentifrice. Ils ont sûrement vu leurs petits humains en mettre partout eux aussi…

MATÉRIEL REQUIS

- Dentifrice coloré (pas blanc)

1. Faites un dessin dans le lavabo avec le dentifrice.
2. Placez les lutins autour du lavabo, tube à la main.

NOTE : **Le dessin peut être très simple : un bonhomme sourire ou allumette par exemple.**

PRÉPARATION : 5 MIN DIFFICULTÉ :

Chasse aux trésors

Les lutins sont partis à la chasse aux trésors :
la craque du divan regorge d'objets bien intéressants !

MATÉRIEL REQUIS

- Bas
- Crayon
- Manette
- Monnaie
- Petit(s) jouet(s)
- Bonbons

1. Coincez un lutin dans la craque du divan : seules ses jambes dépassent.
2. Installez l'autre lutin juste à côté avec la récolte.
3. Créez un tas d'objets qui auraient pu être dans le divan : un bas perdu, un crayon, une manette, un petit jouet, de la monnaie, etc.

CONSEIL : Utilisez ce que vous avez à la maison. Si vous avez un objet qui est souvent retrouvé à cet endroit, n'hésitez pas à l'inclure dans le tour.

Une autre idée de tour

PRÉPARATION : 5 MIN DIFFICULTÉ :

Grand ménage !

Les lutins passent le balai sous le divan…
Oups, les trouvailles sont surprenantes !

MATÉRIEL REQUIS

- Un balai
- Un porte-poussière
- Des objets variés appartenant aux enfants

1. Placez les lutins près du divan : un avec le balai et l'autre avec le porte-poussière.
2. Faites un tas d'objets.

Exemples :

- Jouets
- Vêtements (bobettes, chaussettes)
- Livres
- Élastiques à cheveux
- Lunettes de soleil

PRÉPARATION : 15 MIN DIFFICULTÉ :

Le lutin astronaute

Les lutins sont maintenant des astronautes : ils sont emballés dans du papier aluminium en remplacement de leurs vêtements et le logo de la NASA est collé sur le devant.

MATÉRIEL REQUIS

- Papier d'aluminium
- Logo de la NASA imprimé
- Colle ou papier adhésif

1. Emballez les lutins de papier d'aluminium afin de recouvrir tous leurs vêtements. À la fin, ils doivent être vêtus de papier d'aluminium.
2. Imprimez ou dessinez le logo de la NASA et collez-le sur la nouvelle tenue d'aluminium du lutin.

PRÉPARATION : 15 MIN DIFFICULTÉ :

Les grands sportifs

Les lutins jouent au sport préféré de l'enfant.

MATÉRIEL REQUIS

- Tous les objets reliés au sport préféré de l'enfant

1. Placez les objets de manière à recréer une partie ou un moment fort du sport choisi.
2. Faites jouer les lutins.

ALTERNATIVE : Si l'équipement du sport choisi est impossible à placer à l'intérieur, vous pouvez en créer avec des objets créatifs. Par exemple, pour le but, il est possible de le remplacer par une boîte de carton.

Exemples :

- Pour le hockey : but, bâton, rondelle
- Pour le soccer : but, ballon
- Pour la danse : chaussons, tutu
- Pour la gymnastique : tapis, serviette

PRÉPARATION : 15 MIN DIFFICULTÉ :

Les bottes emballées

Les lutins ont emballé les bottes d'hiver des enfants. Pas facile à déballer quand il y a plusieurs couches !

MATÉRIEL REQUIS

- Pellicule transparente pour conserver les aliments
- Bottes d'hiver des enfants

1. Emballez chaque botte avec de la pellicule transparente en faisant plusieurs tours.
2. Déposez les bottes au même endroit que d'habitude.
3. Laissez les lutins tout près avec la boîte de pellicule entre les mains.

ALTERNATIVE : Vous pouvez utiliser du papier d'emballage de Noël pour les plus petits, c'est plus facile à déballer.

PRÉPARATION : 8 MIN DIFFICULTÉ :

Promenade

Les lutins promènent les animaux en peluche avec des laisses de lutin.

MATÉRIEL REQUIS

- Animaux en peluche (1 à 5 par lutin)
- Lacets ou cordes

1. Rassemblez plusieurs animaux en peluche.
2. Utilisez des lacets ou des cordes pour attacher les animaux comme s'ils étaient en laisse.
3. Placez les lutins avec les laisses à la main. On doit avoir l'impression qu'ils prennent une marche.

PRÉPARATION : 15 MIN DIFFICULTÉ :

Camping

Les lutins partent en camping. Ils prennent d'assaut le salon pour s'y installer : feu, guimauves et tente sont à l'honneur.

MATÉRIEL REQUIS

- Papiers de construction orange
- Plusieurs cure-dents
- Quelques mini guimauves
- Tissu pour la tente (petite doudou, par exemple)
- Carton rigide

1. Dessinez et découpez des flammes dans le carton orange et collez-les sur le mur.
2. Installez les lutins devant le feu.
3. Accrochez une mini guimauve au bout de chaque cure-dent et mettez-les dans les mains de chaque lutin.
4. Fabriquez la tente : utilisez le carton rigide pour faire un triangle sur lequel vous déposez le tissu.
5. Déposez la tente à côté des lutins. Le campement est prêt !

ALTERNATIVE : Si vous avez un foyer, les lutins peuvent utiliser ce feu pour le tour. Vous pouvez ignorer l'étape 1.

Soirée près du feu

PRÉPARATION : 8 MIN DIFFICULTÉ :

Magasinage

Les circulaires sont ouvertes sur la table
et les lutins entourent les cadeaux qu'ils veulent.

MATÉRIEL REQUIS

- Circulaires, publicités ou catalogues
- Crayons (un pour chaque lutin)

1. Ouvrez et étendez les circulaires.
2. Entourez des choix de cadeaux demandés par les lutins – les choix peuvent être rigolos ou inusités !
3. Laissez les lutins avec un crayon à la main.

CONSEIL : **Entourez des items rigolos : un sous-vêtement, un brocoli, un aspirateur, un objet inconnu pour l'enfant, etc.**

PRÉPARATION : 12 MIN DIFFICULTÉ :

Mots croisés

Les lutins font des mots croisés
sur la thématique de Noël.

MATÉRIEL REQUIS

- Une feuille
- Un crayon
- Un dictionnaire

1. Créez et dessinez une grille de mots croisés sur une feuille.
2. Installez les lutins devant la feuille, avec le crayon et le dictionnaire.

NOTE : **Vous pouvez écrire un ou deux mots dans la grille et laisser les enfants compléter le travail des lutins.**

Exemples :

Cadeaux ✱ Décembre ✱ Lutin ✱ Neige
Rennes ✱ Noël ✱ Sapin ✱ Rouge

PRÉPARATION : ENTRE 5 ET 15 MIN DIFFICULTÉ :

Glissons !

Les lutins créent une glissade à la sortie de la sécheuse.
Ce n'est pas sans dégâts…

MATÉRIEL REQUIS

- Sécheuse
- Boîte de carton ou cadeaux emballés
- Tas de vêtements

1. Ouvrez la porte de la sécheuse.
2. Installez l'objet choisi pour la glissade : vous pouvez découper une boîte de carton ou utiliser des cadeaux emballés.
3. Positionnez les lutins prêts à glisser.
4. Autour de la sécheuse, les vêtements sont éparpillés. Donnez l'impression que les lutins les ont lancés, mettez-en un peu partout.

NOTE : **Vous pouvez utiliser une laveuse frontale aussi.**

Une autre idée de tour

PRÉPARATION : 5 MIN DIFFICULTÉ :

Manège dans la sécheuse !

Les lutins ont envie de faire des manèges, mais ce n'est pas facile d'en trouver à la maison. Pas le choix, il faut en inventer un !

MATÉRIEL REQUIS

- La sécheuse
- Des amis (toutous ou poupées)
- Du ruban adhésif

1. Collez les lutins et leurs amis à l'intérieur de la sécheuse, les bras dans les airs. Vous pouvez les installer sur une aube du tambour, comme s'ils étaient assis. Le ruban adhésif fait office de barre de sécurité.
2. Laissez la porte de la sécheuse ouverte pour que les enfants puissent les trouver plus facilement.

PRÉPARATION : 15 MIN DIFFICULTÉ :

Flocons de neige

Les lutins créent des flocons de neige avec des cotons-tiges sur une surface plate de la maison (plancher, table du salon, etc.).

MATÉRIEL REQUIS

- Une boîte de cotons-tiges

1. Placez les cotons-tiges de manière à créer des flocons.
2. Laissez les lutins avec des cotons-tiges pêle-mêle autour d'eux.

CONSEIL : Placez les flocons sur une surface nettoyée pour conserver les contons-tiges par la suite.

PRÉPARATION : 5 MIN DIFFICULTÉ :

Gourmands

Les lutins mangent plein de bonbons et sont ensevelis sous les emballages. Le bedon bien rempli, ils n'ont plus la force d'en sortir.

MATÉRIEL REQUIS

- Emballages de bonbons (le plus possible !)

1. Conservez et accumulez des emballages de sucreries, bonbons, collations, etc.
2. Couchez les lutins quelque part et versez tous les emballages sur eux.
3. Laissez traîner quelques bonbons déballés autour, pour donner l'impression qu'ils s'apprêtaient à en manger d'autres.

NOTE : Si vous n'avez pas d'emballages accumulés, vous n'aurez pas d'autre choix que d'en manger pour créer le tour. Ce n'est pas mal non plus !

Pour ceux qui se réveillent en panique à 2h du matin

C'est la catégorie des tours les plus rapides et faciles à faire – idéal pour les soirs occupés et les nuits paniquées.

PRÉPARATION : 5 MIN DIFFICULTÉ :

Au cirque !

Les lutins adorent les acrobaties et utilisent le luminaire de la salle à manger (ou de n'importe quelle autre pièce) pour se pratiquer. Tête à l'envers pour l'un, accroché par une seule main pour l'autre : toutes les acrobaties sont possibles !

MATÉRIEL REQUIS

- Un luminaire

1. Accrochez les lutins au luminaire : toutes les positions sont envisageables ! Tête à l'envers, accroché par une main, allongé, assis : les lutins ont du fun !

ALTERNATIVE : Pour rendre le tour encore plus drôle, vous pouvez accrocher les amis des lutins avec eux : ils font leur propre acrobatie ou ils sont accrochés aux mains des lutins. Faites-les tenir avec des élastiques ou une ficelle.

Une autre idée de tour

PRÉPARATION : 5 MIN DIFFICULTÉ :

Luminaire spectaculaire

Les lutins décorent le luminaire de la salle à manger avec des objets de la cuisine.

MATÉRIEL REQUIS

- Luminaire
- Articles de cuisine

1. Placez les articles de cuisine sur le luminaire, n'importe comment.
2. Placez les lutins dessous avec d'autres articles de cuisine à la main.

Quelques exemples d'articles de cuisine que vous pouvez utiliser :

- Louche
- Linge à vaisselle
- Couvercle de chaudron
- Plat de plastique

PRÉPARATION: 8 MIN DIFFICULTÉ:

Le décompte des lutins

Les lutins ont déroulé le rouleau de papier de toilette
et ont inscrit le nombre de jours avant Noël.

MATÉRIEL REQUIS

- Crayons feutres de différentes couleurs
- Rouleau de papier de toilette déjà installé dans la salle de bains

1. Déroulez le papier de toilette pour avoir le nombre de carrés équivalent au nombre de jours qui restent avant Noël.
2. Inscrivez un décompte sur les carrés: 5-4-3-2-1 avec des crayons feutres colorés.
3. Laissez les lutins à proximité avec les crayons utilisés et quelques carrés arrachés et raturés.

CONSEIL: Gardez ce tour pour une date proche du jour de Noël!

PRÉPARATION: 5 MIN DIFFICULTÉ:

Fond d'écran

Les lutins prennent un selfie avec leur humain durant la nuit
et le mettent en fond d'écran sur l'appareil.

MATÉRIEL REQUIS

- Cellulaire ou tablette (de l'enfant ou du parent)

1. Lorsque l'enfant dort profondément, collez le lutin contre lui.
2. Prenez une photo comme si c'était le lutin qui faisait le selfie.
3. Mettez la photo en fond d'écran.
4. Le matin, laissez l'appareil entre les mains du lutin dans un endroit visible.
5. Faites ce tour pour chaque enfant/lutin.

PRÉPARATION : 5 MIN DIFFICULTÉ :

Train

Les lutins collent toutes les chaussures de la maison pour former un train.

MATÉRIEL REQUIS

- Les bottes de tous les membres de la famille

1. Placez les bottes l'une à l'arrière de l'autre pour former un train.
2. Installez un lutin dans la première botte et un autre dans la dernière botte.
3. Si vous le souhaitez, vous pouvez ajouter des amis des lutins : le train affiche complet !

NOTE : **Vous pouvez utiliser les chaussures en plus des bottes pour faire un train plus long.**

PRÉPARATION : 3 MIN DIFFICULTÉ :

C'est le bordel !

Les lutins aiment créer le chaos dans une pièce. Surtout dans la chambre des enfants ! Il s'agit d'un tour à faire quand le ménage des tiroirs est nécessaire ou que l'enfant a lui-même rangé ses vêtements en boule. N'oubliez pas : il doit ranger les tours de son lutin ! Voilà une belle façon pour qu'il fasse son ménage !

MATÉRIEL REQUIS

- Un meuble avec des tiroirs (dans la chambre de l'enfant, idéalement)

1. Videz le contenu des tiroirs sur le sol en créant un bordel.
2. Laissez les tiroirs ouverts, un peu croches l'un de l'autre.
3. Le lutin peut être dans une drôle de position : la tête en bas à partir de la poignée du tiroir, enseveli dans le bordel, endormi dans un vêtement de l'enfant, etc.

ALTERNATIVE : En cas de règle interdisant aux lutins de faire des tours dans les chambres, vous pouvez faire ce tour avec les tiroirs de cuisine en créant un bordel un peu moins important.

PRÉPARATION: 3 MIN DIFFICULTÉ:

Oups, ça colle !

Les lutins adorent les autocollants ! Tellement qu'ils en collent partout sur le parent qui dort le plus profondément et, au passage, s'en collent sur le front, le pied, une foufoune. Bref, ils sont bien maladroits et les preuves de culpabilité s'accumulent sur eux !

MATÉRIEL REQUIS

- Un parent (eh oui, vous faites aussi partie du matériel !)
- Des autocollants (de Noël ou pas)

1. Collez les autocollants sur le lutin de manière cocasse.
2. Collez d'autres autocollants sur un parent (visage et/ou bras).

NOTE: Si votre enfant a l'habitude de venir vous rejoindre le matin, il le découvrira à ce moment. Sinon, promenez-vous l'air de rien et laissez-le vous annoncer que vous êtes couvert d'autocollants.

ALTERNATIVE: Si vous avez des enfants plus grands, ça peut être eux les victimes du lutin. Un ado rempli d'autocollants, c'est toujours très drôle !

PRÉPARATION: 5 MIN DIFFICULTÉ:

Cache-cache

Les lutins jouent à cache-cache : l'un d'eux compte dans un coin, les mains sur les yeux, et l'autre est dans une armoire, la jambe qui dépasse. Ils peuvent même jouer avec des amis.

MATÉRIEL REQUIS

- Une armoire ou tout autre objet avec une porte pour cacher le lutin
- Toutous, poupées et autres jouets si les lutins jouent avec des amis (ou si vous avez un seul lutin)

1. Mettez un lutin dans un coin, les mains sur les yeux.
2. Placez l'autre lutin dans une armoire avec la jambe qui dépasse (plus ou moins selon l'âge).
3. Cachez les amis aussi, mais toujours de manière à les apercevoir légèrement.

PRÉPARATION : 5 MIN DIFFICULTÉ :

Casse-tête

Les lutins font des casse-têtes toute la nuit, mais ils ne sont pas très bons. On découvre des morceaux qui ne sont pas au bon endroit, d'autres à l'envers, certains qui ne sont pas placés encore. On dirait même qu'il y a deux casse-têtes mélangés !

MATÉRIEL REQUIS

- Un ou plusieurs casse-têtes

1. Faites un casse-tête en mélangeant des morceaux, en les plaçant drôlement (pièces à l'envers, mauvais sens, etc.).
2. Si vous avez plusieurs casse-têtes, vous pouvez les mélanger et faire un montage amusant.

CONSEIL : Prenez des casse-têtes avec peu de morceaux, ce sera plus facile à démêler.

PRÉPARATION : 6 MIN DIFFICULTÉ :

Besoin de repos !

Les lutins sont fatigués, même trop fatigués pour faire un tour. Ils prennent un tiroir dans lequel ils s'installent pour une sieste.

MATÉRIEL REQUIS

- Un tiroir (dans une chambre, la cuisine ou la salle de bains)
- Une couverture
- Un oreiller
- Un réveille-matin

1. Ouvrez et videz un tiroir.
2. Installez l'oreiller.
3. Enroulez les lutins dans la couverture en laissant leur tête dépasser.
4. Déposez les lutins dans le tiroir, la tête posée sur l'oreiller.
5. Mettez un réveille-matin dans le tiroir.

PRÉPARATION : 5 MIN DIFFICULTÉ :

De la neige !

Les lutins font des anges dans la neige sur le comptoir de la cuisine.

MATÉRIEL REQUIS

- Farine ou sucre

1. Versez une quantité de farine ou de sucre sur le comptoir.
2. Couchez chaque lutin sur le matériel choisi et faites-les bouger pour créer l'ange sur le comptoir.

CONSEIL : La farine colle aux lutins alors que le sucre se secoue bien !

ALTERNATIVE : Vous pouvez aussi faire des dessins dans la « neige » à côté des anges pour faire comme si les lutins s'étaient amusés toute la nuit. Par exemple, vous pouvez dessiner un bonhomme sourire.

Une autre idée de tour

PRÉPARATION : 4 MIN DIFFICULTÉ :

Bonhomme de neige intérieur

Les lutins ont fait un bonhomme de neige sur le comptoir de la cuisine… mais il a complément fondu !

MATÉRIEL REQUIS

- De l'eau
- Une petite carotte
- Des yeux de bricolage
- 4-5 boutons
- 2 brindilles d'arbre

1. Faites une flaque d'eau sur le comptoir de la cuisine.
2. Placez les éléments du bonhomme de neige dans l'eau : la carotte pour le nez, les yeux, les boutons et les brindilles.
3. Laissez les lutins près de la flaque.

PRÉPARATION : 10 MIN DIFFICULTÉ :

Changer de lit !

Les lutins sont doués pour faire perdre la tête des humains ! Une nuit, ils échangent les couvertures entre les membres de la famille et finissent par se cacher dans une taie d'oreiller.

MATÉRIEL REQUIS

- Couvertures (déjà sur les lits)
- Taie d'oreiller

1. Échangez les couvertures entre les membres de la famille.
2. Cachez les lutins dans une taie d'oreiller.

PRÉPARATION : 5 MIN DIFFICULTÉ :

Des (faux) cadeaux partout !

Les lutins ont envie d'emballer des cadeaux. À défaut d'en avoir, ils choisissent une pièce et y collent des choux de Noël partout ! Ainsi, les portes d'armoires de la cuisine deviennent de faux cadeaux et rendent la pièce féerique !

MATÉRIEL REQUIS

- Plusieurs choux de Noël (conservez le sac ou la boîte dans laquelle se trouvent les choux)

1. Collez un chou de Noël sur chaque porte de la pièce choisie – vous pouvez en coller à d'autres endroits aussi !
2. Ensevelissez un lutin sous des choux.
3. Installez l'autre lutin à côté du sac ou de la boîte de choux.

ALTERNATIVE : Si vous avez un seul lutin, le tour fonctionne quand même, il suffit de sauter l'étape 2.

PRÉPARATION : 8 MIN DIFFICULTÉ :

Drôle de goût...

Les lutins décorent des biscuits avec du dentifrice blanc pour faire croire aux enfants que c'est du bon crémage !

MATÉRIEL REQUIS

- Biscuits maison ou du commerce
- Dentifrice blanc

1. Dessinez des bonshommes sourires sur les biscuits avec le dentifrice.
2. Rangez le dentifrice pour éviter les soupçons.
3. Étalez vos chefs-d'œuvre dans un endroit visible.
4. Faites des miettes de biscuits pour donner l'impression que les lutins en ont mangés.
5. Donnez l'autorisation d'en manger un au matin (en laissant une note, par exemple).

ALTERNATIVE : Si vos biscuits ont déjà du crémage blanc, vous pouvez le remplacer par le dentifrice : c'est un peu plus long, mais ça fonctionne aussi bien !

NOTE : **En principe, votre enfant recrachera le biscuit parce que le goût sera mauvais, mais assurez-vous qu'il ne l'avale pas.**

PRÉPARATION : 5 MIN DIFFICULTÉ :

Gameur !

Les lutins jouent avec la console de jeux vidéo. Évidemment, ils prennent le jeu le plus populaire de la maison ! On peut varier ce tour selon les habitudes de la maison : jeux à l'ordinateur ou sur une tablette.

MATÉRIEL REQUIS

- Console de jeux vidéo
- Manettes de jeux vidéo
- Télévision
- Chaise ou fauteuil ou table de salon
- Écouteurs (facultatif)

1. Installez les lutins devant la télévision où la console se trouve. Ils peuvent être assis sur la chaise ou le fauteuil dédié ou sur une table de salon pour être plus près de la télé, par exemple.
2. Mettez les manettes entre leurs mains.
3. Déposez les casques d'écoute sur la tête des lutins.

NOTE : **Si vous avez d'autres objets reliés aux jeux vidéo, vous pouvez les utiliser. Également, si vous voulez rendre la soirée de jeux plus drôle, vous pouvez créer un fouillis autour des lutins : nourriture et breuvages éparpillés, par exemple.**

PRÉPARATION : 5 MIN DIFFICULTÉ :

Toiletter le sapin

Les lutins redécorent le sapin de Noël familial.

MATÉRIEL REQUIS

- Un rouleau de papier de toilette

1. Tournez autour du sapin pour l'entourer de papier de toilette.
2. Déposez le rouleau vide dans les mains d'un des lutins.

NOTE : **Bien sûr, ce tour fonctionne aussi avec plusieurs rouleaux de papiers de toilette si vous en avez le courage !**

PRÉPARATION : 10 MIN DIFFICULTÉ :

Manquer d'air !

Les lutins sont enfermés dans le même bol et l'un d'eux tient un message qui dit : « Ouvrez le couvercle, il a pété ! »

MATÉRIEL REQUIS

- Un bol ou un plat transparent (avec un couvercle) assez grand pour accueillir les deux lutins
- Papier
- Crayon

1. Écrivez le message sur un bout de papier.
2. Installez les deux lutins dans le bol ou le plat.
3. Glissez le message entre les mains de l'un d'eux.
4. Placez la main de l'autre lutin sur ses yeux parce qu'il est gêné.
5. Fermez le bol ou le plat.

NOTE : **Si vous n'avez qu'un seul lutin, vous pouvez changer le message par : « Ouvrez le couvercle, j'ai pété ! »**

PRÉPARATION : 5 MIN DIFFICULTÉ :

Au voleur !

Les lutins s'en mettent plein les poches : ils enfilent un bas de nylon sur leur tête et volent le contenu de la tirelire de l'enfant (ou du pot de change familial).

MATÉRIEL REQUIS

- Un bas de nylon par lutin
- Une tirelire ou un pot de change

1. Enfilez un bas de nylon sur la tête des lutins.
2. Éparpillez quelques pièces de monnaie autour d'eux. Si vous pouvez en mettre dans leurs vêtements, faites-le !
3. Mettez la tirelire ou le pot de change à l'envers.

ALTERNATIVE : Si vous n'avez pas de bas de nylon, vous pouvez utiliser la tuque de l'enfant roulée sur les yeux.

PRÉPARATION : 5 MIN DIFFICULTÉ :

Crème à raser

Les lutins laissent des messages festifs sur le miroir de la salle de bains avec de la crème à raser.

MATÉRIEL REQUIS

- Miroir de la salle de bains
- Crème à raser

1. Écrivez un message festif sur le miroir.
2. Déposez les lutins sur le comptoir avec la canne de crème à raser dans les mains.

Exemples de messages :

HO ! HO ! HO !

Vive le temps des fêtes !

J'aime le père Noël !

ALTERNATIVE : Si vous n'avez pas de crème à raser, il est possible d'utiliser du dentifrice, du rouge à lèvres ou même un crayon conçu pour les miroirs.

PRÉPARATION : 5 MIN DIFFICULTÉ :

Dur hiver

Les lutins sont malades : fièvre, toux, congestion, courbatures.
Ils restent calmes, entourés de tout ce qu'il faut pour guérir.

MATÉRIEL REQUIS

- Thermomètre
- Sirop pour la toux
- Une boîte de mouchoirs
- Bouillote

1. Installez les lutins dans un endroit confortable.
2. Chiffonnez des mouchoirs pour donner l'impression qu'ils sont utilisés.
3. Mettez tous les éléments du matériel autour d'eux.

NOTE : **Il n'est pas obligatoire d'avoir tous les éléments, vous pouvez en choisir moins. Le but est que les lutins paraissent malades.**

Une autre idée de tour

PRÉPARATION : 3 MIN DIFFICULTÉ :

Au spa !

Les lutins ont besoin de relaxer : vivement prendre soin de soi !

MATÉRIEL REQUIS

- 2 débarbouillettes ou petites serviettes
- 4 tranches de concombre (ou 2 par lutin)

1. Enroulez les débarbouillettes ou petites serviettes autour du corps des lutins comme s'ils sortaient du bain.
2. Couchez les lutins sur le divan.
3. Placez les tranches de concombre sur leurs yeux.

PRÉPARATION : 8 MIN DIFFICULTÉ :

Designer du pôle Nord !

Les lutins s'improvisent designers et virent les éléments de décoration à l'envers, les changent de place en les mettant dans des endroits inusités et en modifient quelques-uns.

MATÉRIEL REQUIS

- Éléments de décoration de la maison

1. Virez des cadres à l'envers.
2. Changez les plantes de place.
3. Posez un bibelot sur le calorifère.
4. Déplacez les coussins du canapé sur les chaises de la cuisine.
5. Laissez les lutins avec un cadre à la main ou assis sur un coussin déplacé.

NOTE : **Pour ce tour, les étapes sont des suggestions. Adaptez le tour selon les décorations disponibles à la maison.**

PRÉPARATION : 5 MIN DIFFICULTÉ :

Balade

Les lutins sont habitués à voyager en traîneau, alors quand ils ont accès à une voiture, ils s'empressent d'aller faire un petit tour ! Ils peuvent même être accompagnés d'un amoureux ou d'une amoureuse.

MATÉRIEL REQUIS

- Une voiture pour enfant (jouet) : peu importe le modèle ou le format
- Des jouets accompagnateurs (non obligatoire). Par exemple : une poupée ou un ourson

1. Installez les lutins dans la voiture (et les accompagnateurs si vous choisissez cette option).
2. Placez la voiture à un endroit qui donne l'impression qu'ils ont roulé un peu.

ALTERNATIVE : Si vous n'avez pas de voiture pour enfant, vous pouvez en construire une avec une boîte de carton (le tour prendra plus de temps à planifier).

PRÉPARATION : 3 MIN DIFFICULTÉ :

Grand blessé

Les lutins sont casse-cous et se blessent donc de temps en temps ! Cette fois, les cascades étaient périlleuses et les lutins sont bien amochés : jambe couverte d'un bandage, pansement au sourcil, crème anti-douleur à côté d'eux. La guérison peut commencer !

MATÉRIEL REQUIS

- Pansement blanc (tulle ou gaze)
- Pansements de style Band-aid®
- Tube de crème pour douleurs musculaires (ou pot de comprimés)

1. Mettez le pansement blanc autour de la jambe d'un lutin et du bras de l'autre.
2. Posez les pansements de style Band-aid® sur les lutins : un sur le front, l'autre sur la main.
3. Laissez traîner le tube de crème ou le pot de comprimés près des lutins.

NOTE : L'emplacement des pansements est suggéré, mais vous pouvez y aller selon votre inspiration ! Assurez-vous de choisir un pot de comprimés qui ne peut pas être ouvert par les enfants.

PRÉPARATION : 5 MIN DIFFICULTÉ :

Soirée de jeux !

Les lutins jouent à un jeu de société avec leurs amis.

MATÉRIEL REQUIS

- Un jeu de société
- Des amis : toutous, poupées et/ ou figurines

1. Ouvrez un jeu de société sur la table et placez les éléments pour montrer que le jeu est débuté, mais pas terminé.
2. Installez les lutins et leurs amis autour du jeu.

ALTERNATIVE : Vous pouvez utiliser un simple jeu de cartes et placez les cartes comme si les lutins faisaient une partie. Voici des jeux possibles : la bataille, paquet voleur ou les 7 familles.

PRÉPARATION : 5 MIN DIFFICULTÉ :

Concert

Les lutins donnent un concert de musique dans la cuisine : chaudrons et cuillères en bois sont les instruments privilégiés pour cette représentation unique.

MATÉRIEL REQUIS

- Plusieurs chaudrons
- Cuillères en bois et autres ustensiles de cuisine

1. Placez les chaudrons à l'envers en les regroupant.
2. Installez les lutins avec une cuillère en bois à la main.

NOTE : **Si vous avez un petit tableau, utilisez-le pour annoncer le concert ou présenter le duo de musiciens !**

Exemples de messages :

Lutins en concert toute la nuit ✷ Groupe de l'année : les lutins farceurs !
Faites du bruit avec les lutins farceurs ! ✷ Cours de musique : 5 chocolats
Band de cuisine : les lutins farceurs !

Groupe de l'année : les lutins farceurs !

Parents motivés

(et tours à flasher sur vos réseaux sociaux)

On y trouvera les tours qui sont les plus longs à faire, mais qui impressionnent d'abord vos enfants et les autres si vous le souhaitez !

PRÉPARATION : 8 MIN DIFFICULTÉ :

Tic Tac Toe

Les lutins jouent au Tic Tac Toe en utilisant des choux de Noël.

MATÉRIEL REQUIS

- Papier collant vert (ou autre couleur, au choix)
- Au minimum 6 choux de Noël (dont 2 x 3 de la même couleur)

1. Collez le papier vert (ou autre couleur) sur une surface plane (un mur, le sol, etc.).
2. Placez stratégiquement quatre choux en faisant en sorte qu'aucun lutin n'ait encore gagné la partie.
3. L'un des lutins est sur le point de placer son dernier chou, il a donc un chou dans la main. L'autre lutin attend son tour (il peut également avoir un chou dans la main).
4. Si vous avez plus de choux (même d'une autre couleur), vous pouvez les disposer autour des lutins.

NOTE : **Si vous installez le jeu au mur, c'est différent et cocasse pour les enfants.**

Qui remportera la partie ?

PRÉPARATION : 20 MIN DIFFICULTÉ :

Le sapin des lutins

Les lutins fabriquent leur propre sapin de Noël avec des rouleaux de papier de toilette vides. Ils l'ont drôlement décoré !

MATÉRIEL REQUIS

- Au minimum 6 rouleaux de papier de toilette vides
- Éléments de décoration variés : bouchons, boîtes de céréales, etc. Un conseil : fouillez dans le recyclage !

1. Montez un sapin avec les rouleaux de papier de toilette. Si vous n'avez que six rouleaux, vous pouvez en disposer trois à la base, deux au centre et un sur le dessus.
2. Décorez-le avec ce que vous trouvez dans le recyclage : bouchons en guise de boules de Noël, boîte de céréales découpée en languettes pour faire des guirlandes, étoile mal découpée dans une boîte de pâtes, etc.

ALTERNATIVE : Au lieu de trouver des éléments de décoration, vous pouvez les dessiner directement sur les rouleaux.

PRÉPARATION : 20 MIN DIFFICULTÉ :

Lunch en cadeau

Les lutins emballent les éléments de la boîte à lunch : ils deviennent des cadeaux à déballer !

MATÉRIEL REQUIS

- Boîte à lunch
- Lunch complet
- Papier d'emballage
- Papier collant

1. Préparez le lunch comme d'habitude.
2. Emballez tous les items comme si c'étaient des cadeaux.
3. Remettez tous les items dans la boîte à lunch.
4. Placez les lutins avec la main sur la boîte à lunch.
5. Laissez le matériel proche des lutins pour donner un indice.

PRÉPARATION : 8 MIN DIFFICULTÉ :

Guerre des tuques

Les lutins créent chacun leur fort de guimauves géantes pour une bataille de boules de neige !

MATÉRIEL REQUIS

- Guimauves géantes
- Guimauves miniatures

1. Créez deux forts avec les guimauves géantes, l'un face à l'autre.
2. Installez les lutins derrière chaque fort.
3. Faites une réserve de guimauves miniatures de chaque côté. Elles font office de boules de neige !
4. Éparpillez des guimauves miniatures entre les forts. Les lutins ont déjà lancé l'attaque !

Une autre idée de tour

PRÉPARATION : 3 MIN DIFFICULTÉ :

La guerre, la guerre

Au tour des amis des lutins de triompher : ils auront la paix pour une nuit au moins !

MATÉRIEL REQUIS

- Plusieurs amis des lutins
- Ruban adhésif

1. Collez les lutins au mur avec le ruban adhésif. Vous pouvez les coller au niveau des poignets et des chevilles.
2. Placez les amis devant les lutins, comme s'ils étaient heureux de leur exploit.

ALTERNATIVE : Si vous avez des figurines soldat, utilisez-les à la place des amis des lutins.

PRÉPARATION : 10 MIN DIFFICULTÉ :

Cannes mélangées

Les lutins enlèvent les étiquettes des cannes de nourriture dans l'armoire. Celles-ci sont éparpillées autour d'eux ! Les indices les désignent comme étant les coupables.

MATÉRIEL REQUIS

- Cannes de nourriture dans l'armoire
- Étiquettes autocollantes
- Crayon

1. Identifiez le contenu des cannes sur les étiquettes autocollantes.
2. Collez les étiquettes autocollantes sous les cannes.
3. Enlevez les étiquettes des cannes.
4. Froissez les étiquettes et les laisser près des lutins.

PRÉPARATION : 20 MIN (plus le temps d'accumuler les photos) DIFFICULTÉ :

Cahier à colorier

Les tours des lutins sont photographiés chaque jour. Autour du 20-24 décembre, les lutins impriment les photos en noir et blanc et forment un cahier à colorier maison. Ça peut être un très beau cadeau de départ le 25 décembre au matin !

MATÉRIEL REQUIS

- Appareil pour prendre les photos (cellulaire ou appareil photo)
- Accès à une imprimante (à la maison, au bureau ou au centre de photocopies)
- Brocheuse ou pince ou cahier style duo-tang
- Crayons de couleurs

1. Photographiez les tours chaque jour (ça fait de beaux souvenirs de toute façon !).
2. Imprimez les photos en noir et blanc sur des feuilles blanches régulières.
3. Rassemblez les feuilles pour former un cahier : avec une broche dans le coin supérieur gauche, avec une pince ou les insérer dans un cahier style duo-tang.
4. Déposez des crayons de couleurs tout près.

NOTE : **Si le tour est fait le jour du départ, les lutins ne sont plus là. Si le tour est fait quelques jours avant le départ, vous pouvez laisser les cahiers entre les mains des lutins.**

PRÉPARATION : 8 MIN DIFFICULTÉ :

Les lutins s'évadent

Les lutins fabriquent une corde avec des bas afin de se sauver.

MATÉRIEL REQUIS

- Plusieurs bas

1. Attachez les bas ensemble pour créer une corde.
2. Accrochez la corde de bas à un endroit de la maison : foyer, bibliothèque, rampe d'escalier.
3. Mettez un lutin en haut qui tient la corde et l'autre lutin en bas qui est presque arrivé au sol.

NOTE : **Si vous n'avez qu'un seul lutin, le tour fonctionne tout de même ! Il suffit juste de bien accrocher la corde comme mentionné à l'étape 2 et de placer le lutin en bas de celle-ci.**

Invasion presque parfaite !

PRÉPARATION : ENVIRON 30-45 MIN DIFFICULTÉ :

Lunch original

Les lutins préparent un lunch spécial pour l'enfant à manger à la maison ou pour envoyer à l'école un jour festif (exemple : le dernier matin avant les vacances de Noël). Évidemment, les lutins laissent des traces de leur travail : quelques retailles sur le comptoir, les ciseaux à la main, une lingette salie sur la tête, etc.

MATÉRIEL REQUIS

Pour le bonhomme de neige :

- Breuvage de style jus en carton ou petite gourde
- Papier blanc (à bricolage ou assez épais pour éviter la transparence)
- Yeux de bricolage à coller
- Une feuille de papier orange
- Crayon feutre permanent noir
- Colle liquide

Pour la ceinture du père Noël :

- Fromage de style Babybel® avec emballage rouge
- Goupille de cannette de boisson gazeuse
- Ruban noir d'une largeur d'un centimètre ou un papier cartonné noir à découper
- Colle ou ruban à coller

Pour le chapeau de Noël :

- Une banane
- Quelques fraises selon le nombre de chapeaux que vous voulez faire
- Des cure-dents

Pour le bonhomme de neige :

1. Découpez le papier blanc selon les dimensions du breuvage pour bien le couvrir.
2. Collez les yeux.
3. Découpez une forme triangulaire comme une carotte dans la feuille orange pour symboliser le nez du bonhomme de neige.
4. Avec le crayon feutre noir, dessinez des petits pois en forme de sourire pour la bouche.

ALTERNATIVE : Vous pouvez dessiner le bonhomme de neige au complet au lieu d'utiliser du matériel de bricolage.

Pour la ceinture du père Noël :

1. Enlevez le premier emballage du fromage de style Babybel® et conserver l'emballage rouge.
2. Fabriquez une ceinture noire qui fera le tour du fromage au centre avec le ruban ou le papier noir.
3. Glissez la ceinture dans la goupille de boisson gazeuse.
4. Collez la ceinture sur le fromage.

Pour le chapeau de Noël :

1. Découpez des tranches de bananes d'environ 1,5 cm d'épaisseur (à ajuster selon la grosseur des fraises).
2. Sélectionnez les fraises les plus pointues pour imiter la forme d'un chapeau de Noël.
3. Collez la fraise sur la tranche de banane et les relier avec un cure-dent.

CONSEIL : Pour éviter le gaspillage, je vous conseille de manger les retailles lors de votre lunch : c'est moins féerique, mais tout aussi bon !

PRÉPARATION: 15 MIN DIFFICULTÉ:

Colliers d'amitié

Les lutins fabriquent des colliers avec des céréales ou des pâtes : un pour lui et un pour son humain.

MATÉRIEL REQUIS

- Pâtes ou céréales à trous en quantité suffisante pour remplir la ficelle
- Une ficelle par collier selon la grandeur de chacun
- Une paire de ciseaux

Un collier très gourmand !

1. Insérez la ficelle dans les pâtes ou les céréales pour fabriquer les colliers. Il en faut un par lutin et un par enfant. Coupez la ficelle selon la grandeur de chacun.
2. Les lutins portent leur collier et tiennent celui de l'enfant entre leurs mains.
3. Laissez traîner les éléments autour des lutins.

PRÉPARATION : 25 MIN DIFFICULTÉ :

C'est la fête !

Les lutins gonflent un tas de ballons rouges et verts et remplissent une pièce, le bain ou une garde-robe.

MATÉRIEL REQUIS

- Ballons rouges et verts (la quantité varie selon la pièce à remplir)
- Une pompe pour gonfler (si vous en avez une)

1. Gonflez les ballons.
2. Placez les ballons dans la pièce choisie.
3. Si vous avez une pompe, placez le lutin en position pour l'utiliser.
4. Laissez quelques ballons non gonflés près des lutins.

PRÉPARATION : ENTRE 5 ET 30 MIN SELON LE DESSIN DIFFICULTÉ : OU

De l'art !

Les lutins dessinent une fresque sur une fenêtre (ou porte patio) : ça peut être « laid », drôle ou très beau selon le talent du parent.

MATÉRIEL REQUIS

- Crayons conçus pour les fenêtres

1. Dessinez sur une fenêtre ou sur la porte patio : laissez libre cours à votre imagination.
2. Installez les lutins face à la fenêtre, en train d'admirer leur œuvre, et laissez les crayons dans leurs mains.

Voici quelques exemples pour vous inspirer :

Un paysage de Noël

Un lutin

Un sapin de Noël

Des cadeaux

PRÉPARATION: 15 MIN DIFFICULTÉ:

Parcours

Les lutins ont créé un parcours à escalader, à ramper et à sauter.

MATÉRIEL REQUIS

- Petite boîte pas trop haute: boîte cadeau ou à bijoux par exemple
- 3 bouts de ficelle d'environ 15 cm chacun
- Plusieurs verres
- Un rouleau à pâte ou autre objet cylindrique
- Deux tasses

Le sprint de la victoire !

1. Délimitez la zone du parcours avec la ficelle de chaque côté de la surface.
2. Au début du parcours, déposez les verres à l'envers les uns à côté des autres pour créer un mur à escalader.
3. Placez la boîte devant les verres, au centre. Faites enjamber un lutin par-dessus la boîte.
4. Créez trois anneaux avec les ficelles et placez-les devant la boîte.
5. Terminez le parcours avec le rouleau à pâte déposé sur les tasses afin de créer une barre de gymnastique.
6. Déposez l'autre lutin à l'envers sur un obstacle, sous la barre de gymnastique en mode limbo ou encore escaladant les verres.

ALTERNATIVE: Prenez le matériel que vous avez sous la main: foulard, plat, élastique, etc.
Vous pouvez aussi ajouter des amis des lutins sur les côtés: ils sont venus les encourager!

PRÉPARATION : 20 MIN DIFFICULTÉ :

Détours sans fin

Les lutins créent un labyrinthe au sol et ne retrouvent pas la sortie.

MATÉRIEL REQUIS

- Papier collant vert (ou d'une autre couleur)

1. Créez un labyrinthe difficile avec le papier collant au sol.
2. Placez les lutins sur un chemin sans ouverture.
3. Écrivez FIN à la sortie avec le papier collant.

ALTERNATIVE : Pour les enfants plus vieux, vous pouvez créer un labyrinthe sans sortie, ça les fera bien rire !

Exemple : Voici une illustration que vous pouvez reproduire au sol :

PRÉPARATION: 15 MIN DIFFICULTÉ :

Décorer le frigo !

Les lutins décorent le réfrigérateur en bonhomme de neige en y collant des éléments représentatifs tels que le chapeau, le visage, les boutons et bien plus !

MATÉRIEL REQUIS

- Papiers construction : noir, blanc et orange
- Papier d'emballage de Noël
- Papier collant ou gommettes

1. Découpez des cercles de différents formats dans le papier noir pour les yeux, le sourire et les boutons. Pour le sourire, placez plusieurs cercles l'un à côté de l'autre en forme de demi-lune vers le haut.
2. Découpez des cercles dans le papier blanc pour les yeux. Créez les yeux en superposant des cercles de différents formats : un cercle noir, un blanc et un noir.
3. Découpez le nez en forme de carotte dans le papier orange.
4. Découpez le papier d'emballage pour créer le foulard.
5. Collez les éléments à l'aide du papier collant ou des gommettes sur le réfrigérateur pour créer le bonhomme de neige.

CONSEIL : **Si la colle reste sur votre réfrigérateur, utilisez de l'essence à briquet pour l'enlever.**

PRÉPARATION: 8 MIN DIFFICULTÉ :

Parade

Les lutins organisent une parade avec leurs amis : l'un derrière l'autre, ils avancent de pièce en pièce.

MATÉRIEL REQUIS

- Un maximum d'amis des lutins : poupées et toutous

1. Placez les lutins et leurs amis les uns derrière les autres et créez une longue file.
2. Déplacez certains meubles pour laisser croire que les lutins se sont frayés un chemin.

CONSEIL : **Si vous avez assez d'amis pour avoir une file qui passe d'une pièce à une autre, ce sera encore plus drôle !**

PRÉPARATION: 20-25 MIN DIFFICULTÉ :

Photobooth des lutins

Les lutins préparent un photobooth : accessoires, appareil photo, selfies. Évidemment, ils laissent traîner tout ce qu'ils utilisent !

MATÉRIEL REQUIS

- Appareil photo, cellulaire ou tablette
- Accessoires divers : foulard, chapeau, lunettes, colliers, etc.

1. Prenez plusieurs photos des lutins avec des accessoires différents.
2. Laissez traîner des accessoires partout dans la pièce.
3. Installez les lutins avec les accessoires de la dernière photo, appareil en mains.

CONSEIL : **Utilisez ce que vous avez à la maison : pigez dans les jouets des enfants, les bijoux des parents, prenez des objets et changez-les de vocation.**

PRÉPARATION: 30-60 MIN SELON LA RECETTE DIFFICULTÉ :

Cuisiner !

Les lutins cuisinent une recette qui est découverte au matin (un pain aux bananes, des chaussons ou des biscuits, par exemple). Il peut même y avoir une croquée dans un morceau !

MATÉRIEL REQUIS

- Les ingrédients de la recette choisie
- Vaisselle requise pour la recette

1. Cuisinez la recette.
2. Placez le dessert tout près des lutins.
3. Laissez traîner la vaisselle utilisée.

CONSEIL : **Préparez ce tour au moment où vous avez déjà prévu de cuisiner une collation ou un dessert. Utilisez votre travail pour le tour des lutins !**

PRÉPARATION : 12 MIN DIFFICULTÉ :

Se balancer

Les lutins fabriquent une balançoire maison et s'y balancent.

MATÉRIEL REQUIS

- De la corde ou de la ficelle assez longue pour que l'assise de la balançoire soit à la hauteur des yeux des enfants
- Un rouleau à pâte
- Facultatif : papier collant

Balançoire à l'abri des intempéries !

1. Coupez deux bouts de corde ou de ficelle de la même longueur.
2. Attachez les cordes à chaque bout du rouleau.
3. Installez la balançoire maison dans un endroit visible (sur une tringle à rideaux, par exemple).
4. Accrochez les lutins à la balançoire : ils peuvent être à l'envers ou à l'endroit.

CONSEIL : Utilisez du papier collant replié sur lui-même pour aider les lutins à rester sur la balançoire.

ALTERNATIVE : Utilisez le matériel que vous avez à la maison : une boîte de céréales vides ou un contenant de jus peut remplacer le rouleau à pâte, par exemple.

PRÉPARATION : 10 MIN DIFFICULTÉ :

Se faire tatouer

Les lutins tatouent les enfants pendant leur sommeil.

MATÉRIEL REQUIS

- Tatouages (si ce sont des lutins, c'est encore mieux !)
- Débarbouillette mouillée
- Une paire de ciseaux à bouts ronds

1. Assurez-vous que l'enfant dort profondément. Faites un test avec la débarbouillette : si vous la collez sur son bras et qu'il continue à dormir, vous êtes prêt à faire le tour.
2. Découpez le tatouage que vous voulez coller sur l'enfant.
3. Suivez les étapes du tatouage.
4. Laissez le matériel à côté de l'enfant avec les lutins.

ALTERNATIVE : Si vous avez plus d'un enfant, faites le tour pour chacun d'entre eux en laissant un lutin à chaque fois. Si vous avez plus d'un enfant et un seul lutin, placez le lutin dans une pièce commune avec tout le matériel et laissez les enfants découvrir leur tatouage sur leur corps par déduction.

PRÉPARATION : 30 MIN DIFFICULTÉ :

Spaghettis de lutins

Les lutins cuisinent un spaghetti étrange !

MATÉRIEL REQUIS

- Spaghettis non cuits
- Deux chaudrons
- Un bol ou une assiette par lutin
- Une fourchette par lutin
- Colorants rouge et vert
- Quelques mini cannes de Noël
- Une poignée de mini guimauves par plat
- Une poignée de petits chocolats par plat

1. Faites bouillir deux chaudrons d'eau pour cuire les pâtes dans lesquels vous versez le colorant (une couleur par chaudron).
2. Faites cuire les pâtes comme à l'habitude.
3. Montez un plat de pâtes pour chaque lutin en y intégrant des éléments farfelus : mini cannes de Noël, mini guimauves et petits chocolats.
4. Installez les lutins avec leur bol et une fourchette à la main.

CONSEIL : Profitez-en pour faire plus de pâtes et préparez un lunch ou un souper spécial pour les enfants. Le colorant ne change pas le goût des pâtes.

NOTE : Les quantités d'ingrédients sont à votre discrétion et selon le nombre de plats à monter. Vous pouvez mettre trois cannes de Noël par plat comme vous pouvez en mettre huit. La quantité n'est pas importante, faites avec ce que vous avez.

PRÉPARATION : 15 MIN DIFFICULTÉ :

Traîneau du père Noël

Les lutins créent un traîneau du père Noël avec des pots de pouding au chocolat.

MATÉRIEL REQUIS

- 6 pots de pouding au chocolat
- Une ficelle assez longue pour faire le tour des pots de pouding
- 12 yeux de bricolage
- 6 pompons rouges
- Colle chaude ou liquide

1. Collez les yeux sur chaque pot de pouding couché à l'horizontal.
2. Collez le pompon rouge en guise de nez.
3. Placez les pots en deux rangées de trois.
4. Reliez les pots avec la ficelle en partant de la main gauche jusqu'à la main droite du lutin placé devant.
5. Installez les lutins au bout, ce sont les conducteurs du traîneau.

CONSEIL : **Glissez un pot de pouding décoré dans le lunch de votre enfant, le tour le suivra toute la journée !**

Une autre idée de tour

PRÉPARATION : 3 MIN DIFFICULTÉ :

L'affaire n'est pas ketchup !

Les lutins se promènent sur la bouteille de ketchup… mais c'est vite une erreur !

MATÉRIEL REQUIS

- Une bouteille de ketchup

1. Faites gicler du ketchup sur le dosseret du comptoir.
2. Placez la bouteille à l'horizontal.
3. Assoyez les lutins à cheval sur la bouteille.

REMARQUE : **Si vous avez d'autres bouteilles de sauce, n'hésitez pas à les déposer à côté de la scène.**

PRÉPARATION : 15 MIN DIFFICULTÉ :

Devine !

Les lutins laissent une devinette, une énigme ou une charade aux enfants écrite sur des notes autocollantes posées sur le divan.

MATÉRIEL REQUIS

- Notes autocollantes de style Post-it®
- Crayon

1. Écrivez la devinette (ou les énigmes ou la charade) sur les notes autocollantes.
2. Posez les notes sur le divan.
3. Installez les lutins sur le divan, face aux notes. Un lutin tient le crayon et l'autre lutin tient les notes autocollantes restantes.

Exemples de devinettes faciles pour les plus petits :

- Je suis un légume. Je suis parfois le nez du bonhomme de neige. Qui suis-je ? (carotte)
- Je conduis le père Noël et j'ai le nez rouge. Qui suis-je ? (renne au nez rouge)
- Je suis blanche, froide et je mouille les vêtements. On aime me rouler, me lancer et me regarder tomber. Qui suis-je ? (la neige)
- Je suis vert, j'ai des épines et on me décore. Qui suis-je ? (sapin de Noël)
- On fait des tours et on aime beaucoup les biscuits. Qui sommes-nous ? (les lutins farceurs)

Exemples d'énigmes :

- Qu'est-ce qui est vieux, rouge, blanc et se déplace de haut en bas ? (le père Noël dans la cheminée)
- Pourquoi le père Noël est-il un expert en arts martiaux ? (parce qu'il a une ceinture noire)
- Comment faire entrer deux pères Noël dans la cheminée ? (impossible, il existe un seul père Noël)
- Quel spectacle du temps des fêtes attire les écureuils ? (Casse-Noisette)

Exemple d'une charade pour les plus grands :

Mon premier est un poisson aplati.
Mon deuxième est la journée qui précède aujourd'hui.
Mon troisième est un pronom personnel équivalent à « nous ».
Mon tout est le nom donné au soir de Noël.
(raie-veille-on = réveillon)

ALTERNATIVE : Vous pouvez écrire différentes blagues de Noël sur les notes au lieu d'une devinette. Par exemple : Quel est le gâteau le plus dur du monde ? (la bûche de Noël)

Humour Lutinesque

Tous les tours qui feront le plus rire vos enfants (et peut-être vous aussi) !

PRÉPARATION: 15 MIN DIFFICULTÉ :

Chez le barbier

Si papa est audacieux et volontaire, il peut se laisser raser la barbe ou la moustache ou même les cheveux par les lutins. Sinon, les lutins peuvent colorer les cheveux d'un parent avec un produit temporaire.

MATÉRIEL REQUIS

- Un rasoir

  ou

- Un produit de teinture temporaire

1. Rasez la barbe du papa au complet ou une partie de la moustache ou la moitié des cheveux selon l'inspiration de vos lutins.

   ou

   Teignez les cheveux du parent volontaire avec une couleur vive.
2. Laissez les lutins et le matériel dans un endroit visible par les enfants.

ALTERNATIVE : Si aucun parent n'est assez audacieux ni volontaire même pour la teinture temporaire, vous pouvez le faire avec un autre membre de la famille comme un grand frère ou une grande sœur.

PRÉPARATION: 10 MIN DIFFICULTÉ :

Défense de sortir !

Les lutins condamnent la porte de la chambre des enfants avec des guirlandes de Noël.

MATÉRIEL REQUIS

- Plusieurs guirlandes de Noël
- Papier collant
- Une paire de ciseaux

1. Lorsque les enfants vont se coucher, laissez la porte ouverte en prévision de ce tour.
2. Collez les guirlandes sur les cadrages en suivant le mouvement d'un sapin : en partant de la gauche vers la droite, vous descendez légèrement et vous collez. Puis, vous repartez vers la gauche en descendant légèrement, vous collez et ainsi de suite jusqu'au sol.
3. Laissez les lutins avec le matériel devant la porte.

PRÉPARATION : 10 MIN DIFFICULTÉ :

Cherche et trouve

Les lutins tiennent une boîte vide de cannes de Noël sur laquelle est déposée une note : « Peux-tu retrouver les 10 cannes de Noël ? » C'est un cherche et trouve de lutins farceurs !

MATÉRIEL REQUIS

- Une boîte de 10 cannes de Noël
- Papier
- Crayon

1. Cachez les dix cannes de Noël dans toute la maison (bien sûr, si vous avez plus ou moins de dix cannes de Noël, le nombre est à adapter).
2. Écrivez la note.
3. Installez les lutins avec la boîte vide et les instructions.

NOTE : **Attention à la calligraphie, il ne faudrait pas que les enfants reconnaissent la vôtre !**

Exemples de cachettes :

Dans le sapin * Entre deux livres * Sous le coussin du divan
Dans la mitaine * Accrochée aux lacets d'une botte

PRÉPARATION : 10 MIN DIFFICULTÉ :

Bowling

Quoi de mieux pour passer le temps que de jouer aux quilles entre amis ? Les lutins fabriquent un jeu de quilles avec des éléments trouvés dans la maison et s'amusent avec les toutous, poupées et autres jouets de leur(s) humain(s).

MATÉRIEL REQUIS

- 6 objets pour faire des quilles. Par exemple : bouteille de shampoing, contenant de jus vide, boîte de spaghetti, rouleau d'essuie-tout, gourde et un jouet de taille similaire
- Un ballon ou une balle

1. Dans une grande pièce, placez les objets sur le modèle d'un jeu de quilles : trois sur la ligne du fond, deux au centre et un devant.
2. Installez les lutins face au jeu en prenant une certaine distance.
3. Placez le ballon dans les mains d'un lutin (l'autre attend son tour derrière).

ALTERNATIVE : Les lutins ont déjà lancé le ballon : les objets sont tombés comme des quilles, le ballon est en centre et le lutin vient de faire un abat !

PRÉPARATION : 15 MIN DIFFICULTÉ :

Banana

Les lutins sont amis avec les Minions depuis très longtemps.
Ce qu'ils ont en commun : l'amour des bananes ! Comme ils s'ennuient de leurs amis Minions, ils les dessinent sur les bananes de leur famille d'accueil.

MATÉRIEL REQUIS

- Une grappe de bananes
- Un crayon noir de style Sharpie®

1. Dessinez des Minions sur les bananes, en suivant le modèle de la photo.
2. Laissez la grappe bien à la vue, à côté des lutins qui tiennent les crayons.

NOTE : **Si vous n'êtes pas doué en dessin, ce n'est pas grave, ce sera juste plus drôle !**

On aime les Minions !

PRÉPARATION : 5 MIN DIFFICULTÉ :

Les bobettes dans le sapin

Les lutins décorent le sapin familial avec les sous-vêtements des enfants.

MATÉRIEL REQUIS

- Sapin de Noël
- Sous-vêtements des enfants

1. Déposez les culottes des enfants un peu partout dans le sapin.
2. Mettez une culotte sur la tête d'un lutin et une autre dans les mains du second.
3. Installez les lutins dans le sapin ou au pied du sapin.

ALTERNATIVE : Si vous refaites ce tour une autre année, je vous conseille de changer les sous-vêtements des enfants par ceux des parents.

PRÉPARATION : 12 MIN DIFFICULTÉ :

Photos en noir et blanc

Les lutins impriment des photos des enfants en noir et blanc sur des feuilles 8 x 10 et y dessinent des éléments colorés.

MATÉRIEL REQUIS

- Photos des enfants imprimées en noir et blanc
- Crayons de couleurs

1. Imprimez les photos sur des feuilles 8 x 10 (à la maison, au travail ou au centre de photocopies).
2. Dessinez des éléments rigolos sur les photos.
3. Laissez les lutins, crayon à la main, sur une des photos.

Exemples de dessins :

Piercing au nez ✶ Tatouage dans le cou ✶ Liquide vert qui coule d'une narine
Yeux d'une couleur qui n'est pas naturelle (rose, jaune, arc-en-ciel)
Cheveux frisés s'ils sont habituellement raides (ou l'inverse)

PRÉPARATION: 20 MIN DIFFICULTÉ:

Elf Twister

Les lutins ont un jeu de Twister adapté pour eux et s'y amusent beaucoup !

MATÉRIEL REQUIS

- Carton blanc d'environ 30 pouces x 25 pouces
- Crayons de couleurs: rouge et vert
- Papiers de bricolage découpés en cercle (3 ou 4 couleurs)
- Une paire de ciseaux
- Colle

1. Découpez le carton blanc pour avoir une surface de jeu adaptée à la grandeur de vos lutins.
2. Écrivez **ELF TWISTER** en haut ou en bas du carton avec les crayons de couleurs.
3. Découpez des cercles de couleur dans le papier de bricolage.
4. Collez les cercles, une couleur par rangée, selon le modèle classique du Twister.
5. Placez les lutins sur le jeu.

CONSEIL: **Utilisez un objet avec une base ronde que vous avez à la maison pour que tous les cercles soient de la même taille. Vous pouvez découper plusieurs épaisseurs à la fois pour sauver du temps.**

Qui est le plus agile ?

PRÉPARATION: 3 MIN DIFFICULTÉ:

Pet de lutin

Oups ! Les lutins ont pété.

MATÉRIEL REQUIS

- Ballons verts (la quantité varie selon le nombre de lutins que vous avez)
- Pinces (même quantité que les ballons): cela peut être des pinces à linge, des pinces à feuille, etc.

1. Gonflez les ballons.
2. Pincez un ballon sur les fesses de chaque lutin. Placez-le de manière à donner l'impression que c'est l'air du pet qui l'a gonflé.
3. Positionnez les lutins les pieds et les mains au sol, en V inversé, les fesses relevées pour mettre en valeur le ballon.

ALTERNATIVE: Faites péter un seul lutin et placez l'autre (ou les autres) tout près, avec un tissu ou un papier collant sur le nez, comme s'il(s) trouvai(en)t que ça pue !

PRÉPARATION: 15 MIN DIFFICULTÉ:

Recette dégueu

Les lutins cuisinent très mal ! Ils sont incapables de suivre une recette ni de garder l'endroit propre !

MATÉRIEL REQUIS

- Livres de recettes (au moins un)
- Bol à mélanger
- Ustensiles de cuisine (fouet, cuillères en bois, fourchettes, etc.)
- Ingrédients (farine, flocons d'avoine, moutarde, mayonnaise, margarine, etc.)

1. Mélangez quelques ingrédients ensemble dans le bol.
2. Salissez les ustensiles de cuisine.
3. Faites des dégâts sur le comptoir.
4. Ouvrez un ou plusieurs livres de cuisine.
5. Laissez traîner les ingrédients utilisés.
6. Placez les lutins: un qui consulte le livre de recettes et l'autre qui brasse le mélange dans le bol.

CONSEIL: C'est le temps de faire le ménage du réfrigérateur: utilisez des ingrédients périmés (vinaigrette, par exemple).

PRÉPARATION: 10 MIN DIFFICULTÉ:

Maître maquilleur

Les lutins maquillent un parent en exagérant beaucoup : soit avec du maquillage de tous les jours ou du maquillage pour enfant.

MATÉRIEL REQUIS

- Maquillage pour adulte : rouge à lèvres, fard à paupières, crayons pour les yeux, blush
  Ou
- Kit de maquillage artistique pour enfant
- Trousse de maquillage

1. Maquillez un parent en exagérant : dépassez les lèvres, dessinez des sourcils plus gros, mettez du rouge sur les joues.
2. Laissez la trousse de maquillage entre les mains des lutins, dans un endroit visible.

ALTERNATIVE : Si vous avez un enfant plus vieux à la maison, il peut être lui-même le modèle.

PRÉPARATION: 5 MIN DIFFICULTÉ:

Les pipis et les cacas… c'est toujours drôle !

Les lutins aussi font leurs besoins dans la toilette, mais cette fois, ils ont oublié de tirer la chasse.

MATÉRIEL REQUIS

- Colorant vert
- Pépites de chocolat au lait
- Papier de toilette

1. Mettez le colorant dans la toilette.
2. Jetez quelques pépites de chocolat dans la toilette.
3. Placez un lutin mains par terre, fesses dans les airs.
4. Placez l'autre lutin juste derrière les fesses du premier lutin avec un carré de papier de toilette à la main.

CONSEIL : Faites votre pipi d'avant dodo avant de faire le tour sinon ce sera à recommencer !

PRÉPARATION : 5 MIN DIFFICULTÉ :

Salon de coiffure

Les lutins se font de drôles de couettes.

MATÉRIEL REQUIS

- Brosse à cheveux
- Plusieurs élastiques
- Plusieurs bandeaux
- Quelques chouchous
- Bouteille de fixatif
- Séchoir
- Fer plat
- Fer à friser

1. Faites de drôles de couettes aux lutins.
2. Enroulez beaucoup d'élastiques autour de leurs cheveux.
3. Placez un bandeau par-dessus les couettes.
4. Envoyez un spray de fixatif sur les cheveux des lutins pour que ça sente au matin.
5. Éparpillez tout le matériel autour des lutins.

NOTE : **Utilisez le matériel capillaire que vous avez à la maison : ça peut être juste une brosse et des élastiques.**

PRÉPARATION : 5 MIN DIFFICULTÉ :

Varicelle de lutin

Les enfants se réveillent avec des picots verts partout sur le visage.

MATÉRIEL REQUIS

- Crayon vert facilement effaçable

1. Attendez que l'enfant dorme profondément.
2. Dessinez des picots verts sur son visage.
3. Laissez le crayon entre les mains des lutins et laissez-les dans la chambre, proches du lit de l'enfant.

PRÉPARATION : 10 MIN DIFFICULTÉ :

Carottes en danger

Les lutins n'aiment pas beaucoup les carottes.
En les râpant, une carotte prend vie et est apeurée.

MATÉRIEL REQUIS

- Une râpe
- 2 ou 3 carottes
- Un bol ou une petite assiette
- Un crayon de style Sharpie®

1. Râpez une ou deux carottes selon la grosseur.
2. Pour la dernière carotte, cessez le râpage au ¾.
3. Dessinez un visage apeuré sur le bout de la carotte non râpée.
4. Installez les lutins : un qui râpe, l'autre qui s'occupe du stock de carottes.

NOTE : **Il est idéal de laisser le tas de carottes râpées à côté des lutins pour qu'on comprennent bien ce qui s'est passé.**

CONSEIL : **Pour éviter le gaspillage, prévoyez un potage ou un gâteau.**

AU SECOURS !

PRÉPARATION : 5 MIN DIFFICULTÉ :

Parent moustachu

Les lutins collent une moustache à un parent.
Celui-ci peut être vraiment insulté au réveil, ce sera encore plus drôle !

MATÉRIEL REQUIS

- Une fausse moustache
- Papier collant deux côtés

1. Collez la moustache à maman ou papa.
2. Laissez le papier collant entre les mains des lutins.
3. Placez les lutins près du lit des parents ou adossés à leur porte de chambre

ALTERNATIVE : Si vous ne trouvez pas de fausse moustache, vous pouvez en découper une dans du papier construction ou la dessiner avec du maquillage.

PRÉPARATION : 8 MIN DIFFICULTÉ :

Soupe de lutin

Les lutins préparent leur spécialité : une soupe !

MATÉRIEL REQUIS

- Plusieurs bas différents
- Une cuillère en bois ou une louche
- Un chaudron

1. Déposez la cuillère en bois dans le chaudron.
2. Placez les bas dans le chaudron.
3. Installez les lutins autour du chaudron dont un qui tient la cuillère.

PRÉPARATION: 12 MIN DIFFICULTÉ:

Méritas

Les lutins se font des certificats méritas avec des exploits rigolos.

MATÉRIEL REQUIS

- Petits cartons
- Crayons

1. Écrivez quelques exploits rigolos sur des cartons.
2. Installez un méritas dans les mains de chaque lutin.
3. Laissez traîner les autres près d'eux.

Exemples d'exploits :

- le pet le plus long
- le pipi le plus vert
- le tour le plus rapide
- la culbute la plus acrobatique
- le comportement le plus cocasse
- le lunch le plus dégoûtant
- le gourmand le plus difficile
- le tricheur le moins subtil
- le farceur le plus sérieux
- le maladroit le plus drôle

Félicitations !

PRÉPARATION : 15 MIN DIFFICULTÉ :

Photos familiales

Les lutins modifient les photos familiales qui sont dans la maison : personne ne se ressemble au final !

MATÉRIEL REQUIS

- Des photos encadrées déjà présentes dans la maison
- Papier construction
- Papier collant
- Une paire de ciseaux

1. Créez des éléments à coller sur les photos – vous trouverez quelques exemples ci-dessous.
2. Collez les éléments sur les photos.
3. Laissez les lutins visibles avec les retailles et la paire de ciseaux.

CONSEIL : Collez les éléments par-dessus la vitre du cadre pour éviter d'abîmer les photos.

Exemples d'éléments à créer avec du papier construction :

Chapeau de Noël

Carotte de bonhomme de neige

Oreilles de lutin

Collier

Nez rouge

Une autre idée de tour

PRÉPARATION : 6 MIN DIFFICULTÉ :

Photos des lutins

Les lutins volent la vedette : ce sont eux qui sont à l'honneur dans les cadres de la famille !

MATÉRIEL REQUIS

- Photos des lutins imprimées (selon le nombre de cadres que vous avez)
- Cadres photos de la maison

1. Placez une photo des lutins dans tous les cadres de la maison.
2. Laissez les lutins dans un endroit visible avec un cadre à la main.

PRÉPARATION: 25 MIN DIFFICULTÉ :

Parents colorés

Les lutins ont mis du vernis à ongles multicolore à un des parents (ou au deux).
Il faut que ce soit coloré, que ça dépasse, qu'un doigt soit à moitié fait.
Ça peut être les orteils aussi !

MATÉRIEL REQUIS

- Plusieurs vernis de différentes couleurs

1. Étalez les vernis sur les ongles du parent choisi en ne vous appliquant pas : dépassez, ratez, oubliez.
2. Placez les lutins dans une autre pièce avec les bouteilles de vernis : l'enfant devra découvrir qui a subi le tour.

PRÉPARATION: 3 MIN DIFFICULTÉ :

X sur le front

Les lutins pètent sur les enfants et laissent une preuve au passage.

MATÉRIEL REQUIS

- Crayon effaçable (ou crayon de maquillage)
- Feuille
- Stylo

1. Écrivez ce mot sur une petite feuille :

> « Si tu as un X sur le front,
> c'est que je t'ai pété dessus. »

2. Dessinez un X sur le front de l'enfant durant son sommeil.
3. Placez le lutin avec la feuille entre les mains près de l'enfant.
4. Répétez pour chaque enfant/lutin.

PRÉPARATION : 10 MIN DIFFICULTÉ :

Florida !

Tannés de l'hiver, les lutins s'installent au soleil : couchés sous une lampe, lunettes de soleil, bouteille de crème solaire, serviette de plage, roman, petit *drink*. Tout est en place pour une nuit à la plage !

MATÉRIEL REQUIS

- Lampe de table ou de bureau
- Serviettes de plage
- Lunettes de soleil
- Crème solaire
- Livre
- Orange
- Deux cannes de Noël

1. Dégagez l'endroit choisi : une table de salon ou un bureau de travail par exemple. Il faut juste qu'on puisse y installer une lampe.
2. Allumez la lampe.
3. Étendez les serviettes de plage.
4. Couchez les lutins sur leur serviette, mains sous la tête ou bras ouverts pour bronzer.
5. Mettez des lunettes de soleil aux lutins.
6. Créez le breuvage de lutin : plantez des cannes de Noël dans une orange. Un *drink* à deux pailles peut suffire.
7. Déposez les accessoires apportés à la plage : crème solaire, breuvage et livre.

CONSEIL : Si vous utilisez des serviettes à mains en guise de serviettes de plage, le format est plus adapté à la grandeur des lutins.

Vivement le Sud !

PRÉPARATION : 8 MIN DIFFICULTÉ :

Repassage

Les lutins préfèrent les chips lisses aux ondulées.
Pas le choix : il faut les repasser !

MATÉRIEL REQUIS

- Chips lisses
- Chips ondulées
- Fer à repasser
- Planche à repasser (ou une serviette)

1. Placez un lutin sur la planche ou la serviette avec le fer à repasser et un tas de chips ondulées.
2. Placez l'autre lutin avec le fer à repasser dans les mains et un tas de chips lisses en-dessous.
3. Laissez des miettes entre les deux lutins.
4. Mettez des miettes sur les lutins aussi.

CONSEIL : Gardez des fonds de sacs de chips en prévision du tour.

Repassage gourmand !

Quand les lutins sont remplis d'amour

Ici, vous découvrirez les tours qui font plaisir et ceux qui marquent les départs.

PRÉPARATION : 10 MIN DIFFICULTÉ :

Chocolat chaud

Les lutins préparent tout ce qu'il faut pour un bon chocolat chaud.
Il ne restera que le liquide à ajouter !

MATÉRIEL REQUIS

- Une tasse par membre de la famille
- Le mélange de chocolat chaud
- Petites guimauves ou cannes de Noël ou pépites de chocolat (selon les goûts)
- Papier
- Crayon

1. Placez les tasses sur le comptoir.
2. Mettez le mélange à chocolat chaud dedans.
3. Ajoutez les éléments préférés de chaque membre de la famille : guimauves, cannes de Noël ou pépites de chocolat.
4. Laissez une note pour dire d'ajouter le lait chaud.

ALTERNATIVE : Vous pouvez faire un bar à chocolat chaud si vous ne voulez pas mettre les éléments dans les tasses.

Une autre idée de tour

PRÉPARATION : 2 MIN DIFFICULTÉ :

Lait coloré

Les lutins ont coloré le lait… Oserez-vous le boire ?

MATÉRIEL REQUIS

- Deux verres
- Une pinte de lait
- Du colorant vert et rouge

1. Remplissez deux verres de lait.
2. Mettez du colorant rouge dans un verre et du colorant vert dans l'autre.
3. Déposez les verres dans le réfrigérateur à côté de la pinte de lait.
4. Placez les lutins dans le réfrigérateur, en position assise, à côté des verres, chacun avec un tube de colorant à la main.

PRÉPARATION : 8 MIN DIFFICULTÉ :

Rouge à lèvres

Les lutins font des traces de bisous sur le miroir de la salle de bains. Le maquillage est éparpillé partout sur le comptoir.

MATÉRIEL REQUIS

- Rouge à lèvres foncé
- Trousse de maquillage

1. Mettez-vous du rouge à lèvres.
2. Faites des traces de bisous sur le miroir.
3. Éparpillez le maquillage de la trousse un peu partout sur le comptoir.
4. Placez les lutins avec du maquillage entre les mains dont un rouge à lèvres.

PRÉPARATION : 8 MIN DIFFICULTÉ :

S'offrir en cadeau

Les lutins s'emballent dans des sacs cadeaux.

MATÉRIEL REQUIS

- Sacs cadeaux de Noël
- Papiers de soie

1. Placez un lutin par sac, la tête qui dépasse.
2. Mettez du papier de soie tout autour de lui.
3. Déposez les sacs au pied du sapin.

NOTE : **Si vous souhaitez offrir un cadeau à votre enfant de la part du lutin, c'est un bon tour pour le faire, il suffit de l'ajouter dans le sac.**

PRÉPARATION : 5 MIN DIFFICULTÉ :

Bonbons de Noël

Les lutins dessinent un cœur avec des bonbons rouges et verts.

MATÉRIEL REQUIS

- Bonbons rouges et verts

1. Dessinez un cœur avec les bonbons en alternant les couleurs.
2. Étalez des bonbons autour.
3. Placez les lutins tout près des bonbons.

ALTERNATIVE : Vous pouvez utiliser ce tour lors du départ des lutins. Si c'est le cas, passez l'étape 3 et laissez des miettes de bonbons sur le chemin vers la sortie.

De l'amour, de l'amour, de l'amour…

PRÉPARATION : 5 MIN DIFFICULTÉ :

Au revoir !

Lors de leur départ, les lutins aiment bien laisser une dernière surprise à leur(s) humain(s) préféré(s). Un BYE écrit avec des chocolats, ça apaise le cœur des enfants et fait oublier le départ des lutins.

MATÉRIEL REQUIS

- Chocolats emballés individuellement en quantité suffisante pour écrire le mot
- Une surface plate pour laisser le mot (table de la cuisine, par exemple)

1. Trouvez la surface où laisser le message.
2. Écrivez le mot BYE avec les chocolats.

CONSEIL : **Choisissez les chocolats préférés de vos enfants.**

ALTERNATIVE : **Si vous préférez utiliser ce tour un autre jour ou simplement écrire un autre mot, vous trouverez quelques suggestions ci-dessous.**

Quelques suggestions :

Merci

À l'an prochain

À bientôt

Câlins

Je t'aime

Bisous

PRÉPARATION : 5 MIN DIFFICULTÉ :

L'heure du conte

Les lutins font l'heure du conte à leurs amis.
Les toutous et les poupées sont autour d'eux, une pile de livres traîne à côté et c'est parti pour une heure du conte féerique.

MATÉRIEL REQUIS

- Amis des lutins : toutous, poupées, figurines
- Quelques livres (au minimum 1)

1. Installez les lutins avec un livre entre les mains.
2. Placez les amis face aux lutins.
3. Éparpillez les livres déjà lus à côté.

CONSEIL : Si vous avez des habitudes de lecture avec les enfants, vous pouvez les reproduire. Par exemple, les lutins peuvent être sur le divan avec une doudou ou sur des coussins près du sapin.

Lecture du livre préféré de la famille

PRÉPARATION : 10-15 MIN DIFFICULTÉ :

Message

Les lutins laissent un message sur le réfrigérateur avec des lettres aimantées ou des lettres découpées et collées.

MATÉRIEL REQUIS

- Lettres aimantées ou lettres découpées (dans un journal, par exemple)
- Papier collant

1. Préparez les lettres du message que vous voulez communiquer.
2. Collez le message sur le réfrigérateur.
3. Laissez les lutins devant le réfrigérateur avec des lettres non utilisées.

Exemples de message :

Mon nom est Giboulée ✶ Contents d'être de retour
Tu es mon humain préféré ✶ Je vais m'ennuyer
À l'an prochain

PRÉPARATION : 5 MIN DIFFICULTÉ :

Déjeuner

Les lutins préparent la table pour le déjeuner du lendemain et s'y font une place !

MATÉRIEL REQUIS

- Table de salle à manger ou comptoir lunch
- Aliments servis lors de vos déjeuners habituels qui ne demandent pas d'être réfrigérés (exemple : pain, tartinade au chocolat, banane, céréales, etc.)
- Vaisselle : ustensiles, assiettes, bol, verre
- Napperons ou nappe

1. Installez la nappe ou les napperons.
2. Placez la vaisselle et les aliments.
3. Faites une place aux lutins et installez-les à la table.

Guide de survie du mois de décembre

La clé du sauvetage : l'organisation

Dans cette dernière partie, le but est de simplifier vos mois de décembre. La meilleure façon d'y arriver est de s'organiser. Je vous propose donc des calendriers pour les quatre prochaines années. Vous pourrez les recommencer à la cinquième année, vos enfants ne se souviendront pas de tous les tours de l'an 1.

Chaque calendrier est accompagné du matériel nécessaire pour tout le mois : le matériel habituellement disponible dans les maisons comme le papier, les stylos, la paire de ciseaux ou les ustensiles n'est pas inclus. Certains matériaux serviront pour plusieurs tours le même mois de décembre. D'autres reviennent d'année en année, conservez-les ! Je vous conseille d'aller lire les tours du mois avant de compléter vos listes, peut-être que vous aurez déjà certains éléments avec les alternatives proposées. Assurez-vous d'avoir tout ce qu'il vous faut dès la fin novembre, ça vous enlèvera un stress en décembre et vous ne manquerez jamais de rien pour exécuter les tours.

Les lutins arrivent le 1er décembre : certaines personnes font un tour dès le premier jour, d'autres non. Vous trouverez un tour facile au premier jour, mais il est facultatif. Il peut être mis en banque pour remplacer un tour qui vous tente moins.

Le calendrier peut être adapté selon votre horaire ou l'énergie du jour : le tour proposé au jour 15 peut être fait le 3 si vous avez plus de temps pour accomplir un tour de parents motivés ce jour-là, par exemple. Le tour inscrit au dernier jour est adapté pour le départ des lutins.

Avec un calendrier par an et le matériel nécessaire, vous aurez tout en main pour simplifier décembre et apprécier davantage les lutins farceurs.

Mon Top 10

Faire des tours pendant 10 ans, c'est aussi en avoir des préférés parce qu'ils nous ont fait rire, parce qu'ils étaient inattendus ou parce qu'ils faisaient tout simplement plaisir. Certains sont revenus quelques fois parce qu'ils étaient réclamés. Il m'est arrivé de changer les plans un soir parce que mes filles s'étaient remémoré un tour. Le lendemain, elles étaient impressionnées que les lutins les aient écoutées et qu'ils aient eu envie de leur faire plaisir. Soyez à l'écoute !

Voici le top 10 des meilleurs tours selon ma famille :

Les bobettes dans le sapin

Les pipis et les cacas c'est toujours drôle !

Elf Twister

Méritas

Se faire tatouer

Florida !

Photos en noir et blanc

Lunch original

Bien dans son bain !

L'heure du conte

1 Les bobettes dans le sapin
page 89

2 Colliers d'amitié
page 74

3 À la pêche !
page 29

6 Concert
page 64

7 De l'art !
page 75

8 Balade
page 62

11 Photos familiales
page 97

12 Décorer le frigo !
page 78

13 Besoin de repos !
page 53

16 Course
page 32

17 Au cirque
page 48

18 Parade
page 78

21 De la neige !
page 54

22 Flocons de neige
page 46

23 Détours sans fin
page 77

4 Pâte à dents
page 37

5 Les pipis et les cacas c'est toujours drôle !
page 92

9 Cherche et trouve
page 87

10 Déjeuner
page 109

14 Promenade
page 41

15 Banana
page 88

19 Oups, ça colle !
page 52

20 Maître maquilleur
page 92

24 Glissons !
page 44

25 Au revoir !
page 106

Matériel

- ☐ Des autocollants (de Noël ou pas)
- ☐ Une grappe de bananes
- ☐ Boîte de carton ou cadeaux emballés
- ☐ Colorants : vert et bleu
- ☐ Boîte de cotons-tiges
- ☐ Un crayon noir de style Sharpie®
- ☐ Crayons conçus pour les fenêtres
- ☐ Cure-dents
- ☐ Dentifrice coloré (pas blanc)
- ☐ Deux sacs cadeaux de Noël adaptés à la grandeur de vos lutins
- ☐ Chocolats emballés individuellement
- ☐ Farine ou sucre
- ☐ Ficelle
- ☐ Lacets ou cordes
- ☐ Maquillage (pour adulte ou artistique) et sa trousse
- ☐ Papier collant
- ☐ Papier collant vert (ou d'une autre couleur)
- ☐ Papier construction de différentes couleurs dont noir, orange et blanc
- ☐ Papier d'emballage de Noël
- ☐ Pâtes ou céréales à trous
- ☐ Pépites de chocolat au lait
- ☐ Poissons (style collation orange ou bonbons ou en plastique)
- ☐ Une boîte de cannes de Noël

1 Des (faux) cadeaux partout ! page 56

2 Défense de sortir ! page 86

3 Le sapin des lutins page 67

6 Le décompte des lutins page 50

7 Spaghettis de lutins page 81

8 Elf Twister page 90

11 Se faire tatouer page 81

12 Carottes en danger page 94

13 S'entraîner page 36

16 Camping page 42

17 Florida ! page 99

18 Traîneau du père Noël page 82

21 Lunch original page 72

22 Chez le barbier page 86

23 Soirée ciné ! page 34

4 Brico de Noël page 28

5 Chocolat chaud page 102

9 Manquer d'air page 58

10 Cocos page 29

14 Grand blessé page 63

15 Se balancer page 80

19 Party time ! page 33

20 Les bottes emballées page 41

24 Casse-tête page 53

25 Message page 109

Matériel

- ☐ Une banane, une orange et quelques fraises
- ☐ Des œufs
- ☐ 2 ou 3 grosses carottes
- ☐ 6 pots de pouding au chocolat
- ☐ Minimum 6 rouleaux de papier de toilette vides
- ☐ Quelques mini cannes de Noël
- ☐ Carton rigide
- ☐ Carton blanc d'environ 30 x 25 pouces
- ☐ Un ou plusieurs casse-têtes
- ☐ Plusieurs choux de Noël
- ☐ Paire de ciseaux à bouts ronds
- ☐ Colle en bâton et colle chaude ou liquide
- ☐ Colorants : rouge et vert
- ☐ De la corde ou de la ficelle
- ☐ Marqueurs de style Sharpie® dont un pointe fine noir
- ☐ Crayons feutres : rouge et vert
- ☐ Cure-dents
- ☐ Fromage de style Babybel®
- ☐ Goupille de cannette
- ☐ Plusieurs guirlandes de Noël
- ☐ Mélange de chocolat chaud
- ☐ Pansement blanc (tulle ou gaze)
- ☐ Pansements de style Band-aid®
- ☐ Papier collant
- ☐ Papiers construction blanc, orange, noir et 3 autres couleurs au choix
- ☐ Pâtes à modeler dont une verte
- ☐ Pellicule transparente pour conserver les aliments
- ☐ Petits chocolats (pépites ou autres)
- ☐ Petites et grosses guimauves
- ☐ 6 pompons rouges
- ☐ Popcorn
- ☐ Produit de teinture temporaire
- ☐ Râpe
- ☐ Spaghettis non cuits
- ☐ Tatouages temporaires
- ☐ Yeux de bricolage à coller

1 Bonbons de Noël
page 105

2 Crème à raser
page 59

3 Méritas
page 96

6 Dur hiver
page 60

7 Bien dans son bain !
page 30

8 Guerre des tuques
page 68

11 Fond d'écran
page 50

12 Pet de lutins
page 91

13 Photobooth des lutins
page 79

16 Bowling
page 87

17 Lettre au père Noël
page 37

18 S'offrir en cadeau
page 104

21 Magasinage
page 43

22 C'est le bordel !
page 51

23 Cuisiner !
page 79

4 Les lutins s'évadent page 71

5 Parents colorés page 98

9 Le lutin astronaute page 40

10 Photos en noir et blanc page 89

14 Recette dégueu page 91

15 Designer du pôle Nord ! page 62

19 C'est la fête ! page 75

20 Parent moustachu page 95

24 Toiletter le sapin page 58

25 Laisser sa trace page 33

Matériel

- ☐ 2 sacs cadeaux de Noël et papiers de soie
- ☐ Ballons rouges et verts
- ☐ Bonbons rouges et verts
- ☐ Circulaires ou catalogues
- ☐ Crayons de couleurs
- ☐ Crème à raser
- ☐ Guimauves miniatures et géantes
- ☐ Livres de recettes
- ☐ Logo de la NASA imprimé
- ☐ Moustache (à coller ou papier construction noir et collant 2 côtés)
- ☐ Ouates rondes
- ☐ Papier collant
- ☐ Papier construction
- ☐ Papier d'aluminium
- ☐ Un ballon ou une balle
- ☐ Petits cartons
- ☐ Photos des enfants imprimées en noir et blanc
- ☐ Pinces (à feuille, à linge, etc.)
- ☐ Plusieurs vernis de différentes couleurs

1 Rouge à lèvres — page 104

2 Salon de coiffure — page 93

3 Drôle de goût… — page 57

6 Train — page 51

7 Soupe de lutin — page 95

8 Gameur ! — page 57

11 X sur le front — page 98

12 Chasse aux trésors — page 38

13 Parcours — page 76

16 Devine ! — page 84

17 Repassage — page 100

18 Changer de lit ! — page 56

21 Cache-cache — page 52

22 Varicelle de lutin — page 93

23 Cahier à colorier — page 70

4 Gourmands page 46

5 Tic Tac Toe page 66

9 Au voleur ! page 59

10 Cannes mélangées page 70

14 Les grands sportifs page 40

15 L'heure du conte page 108

19 Mots croisés page 43

20 Lunch en cadeau page 67

24 Soirée de jeux ! page 63

25 Fantôme page 32

Matériel

- ☐ Un bas de nylon par lutin
- ☐ Biscuits maison ou du commerce
- ☐ Brocheuse ou pince ou cahier style duo-tang
- ☐ Minimum 6 choux de Noël (dont 2 x 3 de la même couleur)
- ☐ Crayons de couleurs
- ☐ Crayon vert facilement effaçable
- ☐ Chips lisses et ondulées
- ☐ Dentifrice blanc
- ☐ Emballages de bonbons vides
- ☐ Ficelle
- ☐ Fer à repasser
- ☐ Feuille blanche
- ☐ Un jeu de société
- ☐ Quelques livres (minimum un)
- ☐ Notes autocollantes de style Post-it®
- ☐ Papier collant
- ☐ Papier collant vert (ou autre couleur)
- ☐ Papier d'emballage
- ☐ Étiquettes autocollantes
- ☐ Une tirelire ou un pot de change
- ☐ Rouge à lèvres foncé
- ☐ Trousse de maquillage

Mon expérience au profit de la vôtre !

Comme je le mentionnais au tout début de ce livre, les lutins sont entrés dans ma vie sans avertissement, sans même que je sache quoi en faire. Je n'aurais jamais imaginé que cette aventure m'amène jusqu'ici, jusqu'à ce livre.

La première année était un peu catastrophique : je ne savais jamais quoi faire, le visage de notre lutin a éclaté au sol et j'avais l'impression d'être esclave des lutins en ayant peu d'idées. Il n'existait pas autant de parents avec qui partager des tours et ma fille était encore assez jeune pour ne pas s'en rendre compte. Par chance ! Dès la deuxième année, j'ai décidé de m'organiser.

Chaque année, j'établissais un calendrier en tenant compte des jours de semaine et des activités déjà prévues et je listais le matériel nécessaire.

Bref, vous l'aurez compris : j'ai souhaité faire de ce livre le guide que j'aurais aimé avoir entre les mains lorsque j'ai commencé la tradition des lutins farceurs.

Au fil des ans, j'ai trouvé mes tours sur des groupes de mamans sur Facebook, avant que des groupes dédiés aux lutins émergent. J'en ai inventé quelques-uns que je partageais à mon tour. Celui dont je suis le plus fière est certainement celui des tatouages (page 81) ! La réaction de ma fille à son réveil était tout simplement magique ! Et étrangement, même s'il a été réalisé dans les premières années, c'est le tour dont elle se souvient le plus.

Ce livre se veut être un guide complet pour vous donner tous les outils pour (sur)vivre les prochains mois de décembre de manière plus légère, et vous aider à organiser vos tours avec vos lutins. J'espère humblement y être arrivée et je vous souhaite d'embarquer dans cet univers avec votre cœur d'enfant !

Le temps des mercis

Sans elles, ce livre n'aurait jamais existé : merci **Charlie-Rose** et **Clara-Ève**. Depuis que vous êtes dans ma vie, je connais les plaisirs de l'enfance et j'apprends à savourer le quotidien. Dès votre naissance, j'ai eu ce besoin très fort de créer des traditions et des souvenirs avec vous : celle des lutins en fait partie. C'est pour vous que j'ai accepté ce projet dans un moment où le temps n'était pas mon allié. Merci de me faire grandir et d'illuminer ma vie.

Je vous aime !

Sans elles, ce livre n'aurait jamais existé non plus : merci Céline et Samantha. La première a cru en ce projet avant même que je réalise qu'il en était un et la seconde lui a donné vie en me faisant confiance. Merci d'avoir cru en moi chères collègues ! Samantha, mention spéciale à notre rencontre professionnelle que je compte parmi les plus intéressantes. J'ai découvert une femme intelligente, sensible et forte : je suis choyée d'avoir réalisé ce projet à tes côtés.

Mercis en rafale à des gens importants pour ce projet : Pascal, pour son soutien et son amour, Samuel, pour avoir gardé le secret et pour cette belle relation créée ensemble, Fanfan pour avoir couru au magasin acheter nos lutins quand le premier a éclaté, ma famille qui m'a toujours trouvée intense avec mes projets, mais qui est toujours là, et à Martine pour sa magnifique maison, ses décorations parfaites, ses biscuits au Nutella et son temps.

J'aimerais aussi remercier l'illustratrice, la photographe et la graphiste sans qui ce projet ne serait pas aussi beau. Merci Giulia, Alexanne et Hélène ! Je suis fière de partager ce livre avec vous !

Gründ
Québec

1001 boulevard de Maisonneuve Est, 10e étage
Montréal (Québec), H2L 4P9

Écrit par Josée Labelle
Illustrations : Giulia Priori
Photographies : Alexanne Brisson
Directrice : Samantha Thiery
Infographie et design pour la couverture : Karine Dubuc et Hélène Mercy
Infographie et design pour l'intérieur : Hélène Mercy
ISBN : 978-2-925256-28-1
Dépôt légal – Bibliothèque et Archives nationales du Québec, 2024
Dépôt légal – Bibliothèque et Archives du Canada, 2024
Achevé d'imprimer en Chine en juillet 2024 par Toppan Leefung Printing Limited.

Nos remerciements les plus chaleureux à Martine pour son accueil
dans sa magnifique maison à l'esprit de Noël.